Braem/Heil

Die Sprache der Formen

Lieber Siegbert,
dieses Buch soll ein Mosaikstein
sein, im großen Mosaik
Deiner Kunst.
Dein Freund Hans, bei einem
Besuch in Börstingen
am 25/27 Juli 1996

Harald Braem
Christof Heil

DIE SPRACHE DER FORMEN

Die Wurzeln des Design

Wirtschaftsverlag Langen Müller/Herbig

Bildnachweis:

Fester, R./König, Marie E. P./Jonas, D. F./Jonas, A. D.: Weib und Macht. Fünf Millionen Jahre Urgeschichte der Frau (Abb. 10), Stephanie Noe (Abb. 134), Stephan Guber (Abb. 135 und 313), Markus Beltz (Abb. 136), Uwe Wolsiffer (Abb. 137), Christa Polch (Abb. 138), Wilhelm Opatz (Abb. 139), Heiko Weigend (Abb. 140–142), Bruno Fuchs (Abb. 143), VGBild-Kunst, Bonn (Abb. 306, 314 und 316), Galerie Arrigo, Zürich (Abb. 307), Deutsches Architekturmuseum, Frankfurt (Abb. 317)

F. A. Herbig Verlagsbuchhandlung GmbH, München

Schutzumschlag: Wolfgang Heinzel, Merching
(unter Verwendung eines Fotos von Stephanie Noe)
Satz und Druck: Jos. C. Huber KG, Dießen
Binden: R. Oldenbourg, Heimstetten
Printed in Germany
ISBN 3-7844-7256-7

Inhalt

Was sagt mir ein Quadrat? – Einleitung

Unser Leben wird ständig und nachhaltig von Formen geprägt: Die Natur gibt sie uns im freien Spiel vor, Menschen ahmen sie nach, wandeln sie ab, erschaffen neue, setzen sie uns ganz selbstverständlich im Alltag vor – Produkte, Verpackungen, Architektur, gedruckte, zu Symbolform verdichtete Zeichen. Ganz egal, ob wir ein Kaffeegeschirr, ein Auto, eine Häuserzeile, eine Parfumschachtel, ein Plakat, eine Zeitungsanzeige vor uns sehen: es handelt sich um Kommunikation. Etwas spricht uns an, anderes nicht, und bereits im Wort »ansprechen« steckt ja die Erkenntnis, daß es sich bei den Formen um eine Sprache handelt, die jeder verstehen kann, der die Grundlagen, d.h. das Alphabet und Vokabular dieser Sprache, beherrscht. Wir wissen, daß es verschiedene Arten von Sprachen gibt, die der Mensch aktiv und passiv beherrscht, auch wenn wir zuallererst immer nur an gesprochene, geschriebene oder gedruckte Botschaften denken. Darüber hinaus sagt z.B. die Körpersprache eines Menschen viel aus – wir können uns durch Gestik und Körperhaltung, durch Anspannung oder Gehenlassen verständlich machen, und selbst, wenn wir nichts machen, tun wir etwas und drücken etwas damit aus, wir senden und empfangen Signale... Der Psychologe Paul Watzlawick wies auf das Phänomen der Unmöglichkeit von Nicht-Kommunikation hin. In diesem Licht gesehen, dreht es sich eher um die Frage von Bewußtsein und Unbewußtheit unseres Verhaltens.

Wir kennen ferner eine Sprache der Musik und der Bilder, die vielleicht nicht sofort so eindeutig sind wie etwa ein gedruckter Text, weil sie unterschiedliche Interpretationsmuster und Verständnisniveaus zulassen. Niemand würde jedoch abstreiten, daß es sich bei Bildern, bei Musik um »echte« Sprachen handelt. Sensible Menschen erfahren zudem viel von der sie umgebenden Welt durch Geruch, Geschmack und Tastsinn (für Blinde von außerordentlicher Wichtigkeit!). Zugegebenermaßen haben diese Sinneseindrücke für den heutigen Menschen, der sehr stark visuell und akustisch orientiert ist, an Wichtigkeit verloren – sie sind mehr »Luxus« und haben viel von ihrer lebenssteuernden Signalfunktion verloren. Optische Reize vermitteln uns dagegen die stärksten Eindrücke, wobei Schrift, Farbe und Bewegung ohne Zweifel die größte Bedeutung haben.

Natürlich wird unser Verhalten auch durch Formen bestimmt, aber wie ist es um die Deutlichkeit und Verständlichkeit ihrer Sprache bestellt? Wir nehmen wahr, daß eine Verpackung für Apfelsaft heute meist viereckig ist, ein Fahnenmast länglich, der Dorfplatz im alten Ortskern dagegen rund usw. Nur was bedeuten uns diese Formen, was sagt uns ein Quadrat, ein Würfel, mit welchen Verben, Adjektiven und versteckten Assoziationen verbinden wir den Anblick eines Dreiecks, einer aufsteigenden Linie, eines oval angelegten Signets? Sind die Formen von Gebrauchsgegenständen willkürlich, beliebig austauschbar, kommen sie lediglich im Kleid der neuesten Mode daher, oder erwarten wir tief in uns bereits die »richtige« Form, die Matrix, mit der wir die Dinge der Realität überprüfen und messen?

All diese Fragen erscheinen plötzlich in einem ganz anderen Licht, wenn wir uns auf die Wahrnehmung einlassen, sie tiefer auf uns einwirken lassen und hinterfragen. Für den, der sich bewußt mit Formgestaltung auseinandersetzt, ist eine solche Haltung selbstverständlich, will er doch wissen, was geschieht, warum ein Ding so und ein anderes so auf ihn, auf die Botschaftsempfänger seiner Gestaltung, die Zielgruppe, die Menschen in großer Zahl wirkt. Und er stellt weiter fest, daß es in der Sprache der Formen mehr Buchstaben, mehr Bedeutungszuordnungen und Regeln gibt, als er dachte. Einige von ihnen scheinen so alt wie die Menschheit zu sein, wurden über Jahrtausende durch sich ständig wandelnde Kultursituationen hindurch in fast unveränderter Art bis zu uns heute transportiert. Man nennt solche Grundformen »Archetypen«. C. G. Jung, der abtrünnige Schüler Freuds und Begründer einer eigenen Schule der psychologischen Forschung, hat sich in seinem Werk intensiv mit den expressiven Ausdrucksformen der menschlichen Psyche auseinandergesetzt. Er erkannte dabei Grundmuster, die offenbar aus dem Erfahrungsschatz der frühesten Menschen stammen und deren Symbolwerte die Tendenz aufweisen, sich wenig oder überhaupt nicht zu ändern.

Diese Urprägungen und Matrizen für allgemein in der menschlichen Psyche vorhandene Symbolbilder, die auch ohne historischen Zusammenhang an verschiedenen Orten und in verschiedenen Epochen gleichartig auftreten können, bezeichnete C. G. Jung als »Archetypen«.

Archetypische Prägungen sind außerordentlich stark, der symbolische Ausdruckswert bildnerischer Mittel bezieht sich dabei nicht auf die Inhalte, sondern auf die Gesetze der Gestaltung selbst. Nach C. G. Jung besitzen Bilder die Gewalt, seelische Inhalte aufgrund ihrer strukturellen Besonderheiten, die aus dem Erfahrungsschatz stammesgeschichtlich erworbener Prägungen wachsen, auf den Betrachter zu projizieren. Mit anderen Worten: Bilder drücken wesentlich mehr aus, als was in ihnen abgebildet ist.

Während die Wortsprache besser geeignet ist, klar definierte (im gesellschaftlichen Einverständnis kodierte) Bedeutungszusammenhänge zu vermitteln, verlangen Bilder nach sinnstiftenden Erklärungsmustern. »Bilder haben immer Anteile an Sehnsucht und Erinnerung, Utopie und Gedächtnis, daher sind sie auch wirksamer als die Sprache – ein Bild sagt mehr als tausend Worte« (F. J. Röll). Das optisch und haptisch am deutlichsten erfahrbare Bild ist die Form, dies schon deshalb, weil die Form, von jeglichem ausschmückendem Bildbeiwerk befreit, sich auf die urtümliche Ausdrucksweise reduziert und in konzentrierter Weise Erfahrungsinhalte vermittelt. Wir denken in moderner Wortsprache, aber empfinden die Form archetypisch, d.h. in unmittelbarer Direktheit. Die im Laufe der Zeit hinzuaddierte Symbolwelt sollten wir uns nicht als das Wesen der Form selbst vorstellen, sondern eher als eine Art Energieschild, der sich wie ein durchsichtiger Mantel um die Form legt. Wer sich dabei zu sehr mit einzelnen Aspekten der Symbolik beschäftigt, bleibt an der Oberfläche hängen und verliert die Ganzheit der Form aus den Augen. Genau dies ist aber das Anliegen dieses Buches: zum Wesen der Form vorzustoßen, bewußt mit ihr umzugehen und gezielt die ihr eigentümliche Sprache zu benutzen.

Es sind sicherlich verschiedene Wege dorthin denkbar, und manchmal ist es einfach notwendig, den Gegenstand der Betrachtung mehrmals zu umkreisen, um die Gesamtheit seines Wesens endlich erfassen zu können. Unsere Vorgehensweise ist daher nicht linear-folgerichtig, sondern eher analog-assoziativ. Wir folgen damit dem sogenannten »Boots-trap-Prinzip«, das in der modernen wissenschaftlichen Forschungsmethodik immer mehr an Bedeutung gewinnt: Es ist quasi gleichgültig, an welchem Punkt man mit der Untersuchung beginnt, die Untersuchung selbst unterliegt nicht mehr dem herkömmlichen These-Antithese-Synthese-Modell, sondern versucht eher durch Sprünge, das Erkennen von rhythmischen Ketten und assoziativen Zusammenhängen, durch spielerisches Erproben konzentrischer Gedankenbahnen um das Objekt herum, Verknüpfungen und Muster zu entdecken. Das »Boots-trap-Prinzip« hütet sich vor dem verführerischen Sog linearen Denkens (das sich allzu oft als Einbahnstraße und Sackgasse herausstellt) und ist mehr an ganzheitlicher Erfassung, an synergistisch verwertbaren Bausteinen für ein neues Weltbild, an ökologisch-kybernetisch vernetztem Bewußtsein interessiert. Diese Art der Vorgehensweise eröffnet zudem rascher Parallelen und Rückschlüsse zu aktuellen Fragestellungen.

Die inhaltliche Ordnung im Buch versucht, einzelne Problemgruppen thematisch einzukreisen: Archetypen – Ursprache der Menschheit – Symbolik – Architektur – Design. Bildbeispiele, Literaturempfehlungen und Testergebnisse jüngeren Datums ergänzen die Themen.

Es war unser Anliegen, den Inhalt des Buches übersichtlich und nachvollziehbar präsent zu machen, damit es nicht nur für den Fachmann, sondern auch für den interessierten Laien Anreiz bietet, sich auf die Sprache der Formen einzulassen und sich näher mit ihnen auseinanderzusetzen.

Wir danken besonders den Mitarbeitern des infact-Instituts für archetypische Kulturforschung (Wiesbaden und Nastätten) für ihre hilfreiche Mitarbeit, dem Experimentalarchäologen Dietrich Evers sowie Stephan Guber, der nicht nur in seinen Bildern die Sprache der Formen beherrscht, sondern darüber auch anschaulich zu reflektieren vermag – von ihm stammen viele wertwolle Anregungen zu diesem Buch. Dank auch Ira Renninger und Andrea Heil für die sorgfältige Ausführung der Textverarbeitung.

Prof. Dipl. Des. Harald Braem, Dipl.-Ing. Christof Heil
Wiesbaden/Nastätten 1989

I

Auf der Suche nach der ursprünglichen Form

»Viele Gedanken erwachen vor den Bildern. Wir überlegen, sprechen, klären, deuten, versuchen zu verstehen, wo nur Zeichen vor uns sind. Aber diese Zeichen sind die Ursprache der Menschheit, die Urschrift des Geistes, sie sind die Ursymbole von Leben und Tod, von Sein und Nichtsein.«

Herbert Kühn

Unsere heutige Weltanschauung ist absolut anthropozentrisch, der Blickwinkel vom Menschen aus und auf den Menschen und seine Bedürfnisse gerichtet. Wir fragen uns beim Betrachten der frühen Kunst der Menschheit, den altsteinzeitlichen Figurensteinen, der Höhlenmalerei und der Felsbildgravur, den Kleinplastiken aus dem Magdalénien, den symbolartigen Ritzungen und hieroglyphenhaften Wort-Bild-Marken, den Verzierungen am Werkzeug, den Schalensteinen, Menhiren und Steinkreisen bis hin zu profaner oder magisch-rituell ausgerichteter Architektur sofort: Was stellt es dar, wie und wofür wurde es gemacht, welcher Symbolgehalt steckt in der von Menschenhand geschaffenen Darstellung? Und die Wissenschaft ist schnell bereit, Erklärungsmuster über die erste, archaische Formensprache zu stülpen, sie vergleichend einzuordnen und getreu dem jeweils bevorzugten Paradigma (Weltbild-Modell) zu bewerten. Daß dabei die jeweiligen Schulen und »Glaubensrichtungen« in den meisten Fällen zu widersprüchlichen, ja kontrapunktären Interpretationen gelangen, liegt in der Sache selbst begründet, schafft oft nur Verwirrung und führt zu einer unfreiwilligen Verzerrung und Verformung der ursprünglichen Absicht, je nachdem, ob der Betrachter von männlicher Jagdmagie oder feministischem Zyklusdenken ausgeht, von der Ost-West-Kulturverbreitungstheorie oder umgekehrt, von der Überzeugung, es handele sich um animistischen Analogiezauber, die profane Absicht zu schmükken oder das religiöse Bedürfnis, die »ungestaltete« Natur durch kraftvolle Symbolzeichen »aufzuladen«. Dieses Denken ist linear und digital,

es entspricht nicht dem Charakter von Natur und natürlicher Entwicklung (Evolution), der in sich keine digitale Logik kennt, sondern nur ein analoges Anpassen und Ausprobieren, das freie, zweckfreie und nicht zielgerichtete Spiel der Formensprache und ihrer Entfaltung.
Versuchen wir einmal, uns in unsere eigene, persönliche Frühgeschichte zurückzuversetzen, in den tiefen Urgrund des Chaos, aus dem alle Kreativität und Ordnung stammt. Jedes Kind, jeder Künstler ist in diesem Urgrund zu Hause und schöpft aus ihm spielerisch und ständig neu die Welt. Wolken, ein Feuer, die bewegte Oberfläche von Wasser, Risse im Fels, die Formen von Bäumen und Steinen und grasbewachsene Hügel, über die der Wind tanzend streicht und Schattenlinien zeichnet – all dies regt die Fantasie an und läßt Figuren und Zeichen entstehen, die ganz schnell für den Betrachter ihre Form und ihre Bedeutung ändern können. Genauso, mehr staunend als interpretierend, sah der Urmensch die Welt, sieht sie der sogenannte »Primitive« noch heute und hält sie von geheimnisvollen Kräften belebt. Er nimmt die Urstrukturen vom Auseinanderbrechen, Teilen und Vermehren, von Geburt, Wachstum und Sterben wahr, überall und alles umfassend, denn er ist noch nicht egozentrisch getrennt vom Universum, sondern mit ihm und all seinen Erscheinungsformen zutiefst verwoben und ganzheitlich berührt. Ein Fels bricht und gebiert aus der Quelle Wasser, wie es die Wolken tun, wenn Regen fällt; der Boden bricht auf und gebiert Pflanzen, die Nahrung und Leben, ewiges Leben versprechen. Die Sterne am Himmel bilden zu bestimmten Zeiten feststehende Zeichen, andere stürzen unerwartet herab. Täglich wandert die Sonne, nachts der Mond, der zudem zyklisch seine Form verändert. All das scheint mit anderen Vorgängen in der Natur in Zusammenhang zu stehen, mit dem Wetter und den wechselnden Jahreszeiten, dem Wachstum der Pflanzen, dem Verhalten der Tiere und den Gefühlen der Menschen. Überall gibt es Ähnlichkeiten, bestehen Bezüge, die auffallend sind und über deren Bedeutung man nachsinnnen kann. Der Mensch der Vorzeit beobachtet seine Umgebung, die vielfältigen Formen der Welt genau, denn sie geben ihm Hinweise, die sein Verhalten beeinflussen können und in seinem Innersten etwas zum Anklingen und Mitschwingen bringen. Diese Eindrücke sammelt er, er sammelt überhaupt alles, das irgendwie auffallend ist und sein Wesen berührt: besonders glatte, runde Steine oder solche, die von Natur aus wie etwas aussehen, das er schon einmal irgendwo gesehen hat, Muscheln, Versteinerungen, Holz und Knochen, das ungewöhnlich Farbige oder Geformte; und was besonders schön, eigenartig und selten ist, erhält dabei selbstverständlich einen

besonderen Wert als Talisman oder Schmuck, als Tauschgegenstand, Spielzeug oder verehrungswürdiges Objekt. Diese Gegenstände, zumal wenn sie in Wohnhöhlen oder unterhalb eines schützenden Felsvorsprungs (Abri) weit entfernt des natürlichen Vorkommens liegen, haben also eine Bedeutungserhöhung erhalten, stellen einen Wert dar und dadurch – wenn man es genau nimmt – die allererste und ursprünglichste Kunstform. Wir meinen noch nicht bemalte oder gravierte Verzierungen, Durchbohrungen oder Steinschliff, sprechen noch nicht von Artefakten, sondern davon, daß hier ein natürlicher Gegenstand das Gefühl und den Geist eines Menschen berührt hat, daß Aufmerksamkeit, Ästhetik und sinnliche Zuwendung im Spiel waren, die das Fundobjekt aus seinem Zusammenhang lösten und in einen anderen fügten. Diese Merkmale sind der Beginn jeglicher Kunst.

Von hier bis zur nächsten Stufe menschlicher Kulturäußerung, dem bewußten Aufstöbern und Nachbessern vorgefundener Formen, ist es nur ein kleiner Schritt. In vielen Teilen der Welt, z. B. in der Schwäbischen Alb, wurden in größerer Anhäufung Feuerstein-Plastiken gefunden, die eindeutig Bearbeitungsspuren aufweisen: Kleinere Abschläge modulieren bereits vorhandene Formen nach und verstärken dadurch den ersten Eindruck zur deutlichen Tierform.

Abb. 1: Figurenstein, Schrozberger Schild bei Hohenlohe

Noch deutlicher wird die Impression, wenn wir die kleinen Plastiken aus Mammutelfenbein, Horn- oder Knochenmaterial betrachten. Hier wird anatomisch richtig moduliert und zudem die Körperoberfläche mit sorgsam geglätteten Punktreihen, Winkeln und X-Zeichen strukturiert. Abb. 2 stellt eine Halbplastik aus Elfenbein dar. Die Länge beträgt 8,8 cm, die Höhe 3,4 cm und die Breite 1,1 cm. Obgleich die Figur häufig auch als Hyäne oder Jungnashorn gedeutet wurde, ist man sich heute darüber einig, daß es sich aufgrund anatomischer Besonderheiten um einen Höhlenlöwen handeln muß.

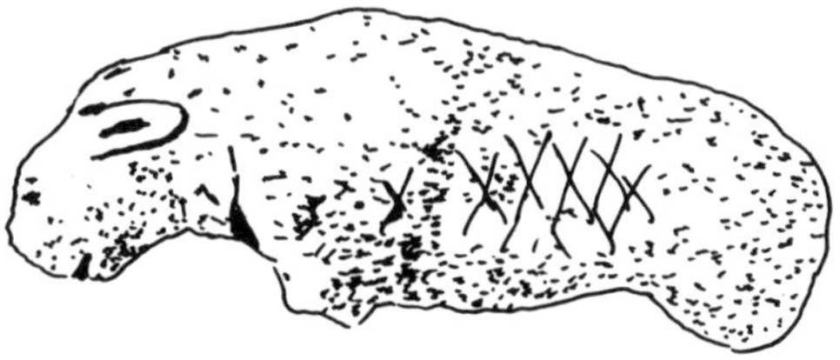

Abb. 2: Höhlenlöwe

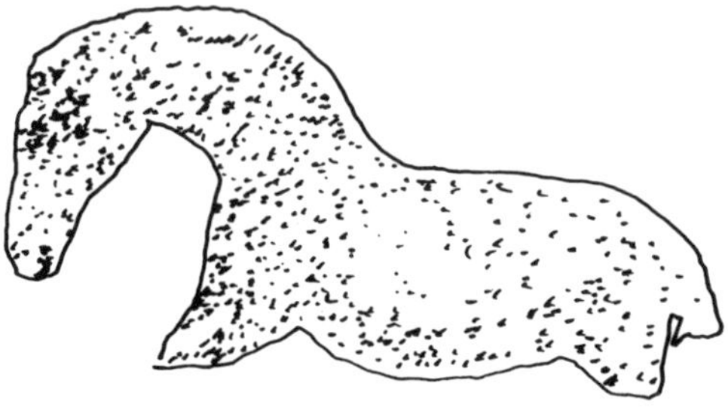

Abb. 3: Wildpferd, Schwäbische Alb

Bei Abb. 3 handelt es sich um die 4,8 cm lange, 2,5 cm hohe und 0,7 cm breite Vollplastik eines Wildpferdes. Der Kopf zeigt die Droh- oder Imponierhaltung eines Hengstes, deutlich detailliert wurden der abgesetzte Kiefer, das eingetiefte Maul, die Nüstern und Augen. Beide Figuren wurden, neben vielen anderen, in einer Höhle bei Stetten auf der Schwäbischen Alb im Lonetal gefunden, ihr Alter wird auf circa 32.000 Jahre geschätzt. Bei den immer wieder auftauchenden Winkeln und X-Kerbzeichen nimmt man an, daß es sich um Geschoßmarkierungen handelt. Auffallend ist ferner, daß bei keiner der Figuren eine Durchbohrung vorhanden ist, die zum Tragen als Kettenamulett dienen könnte. Den Plastiken muß also eine andere Bedeutung zugekommen sein. Stephan Guber äußert dazu die nicht unbegründete Vermutung, daß es sich um Totemzeichen gehandelt haben könnte. Wir wissen, daß sich archaische Stammesverbände in ihrer noch ganzheitlich-animistischen Auffassung vom Leben mit bestimmten Tiergruppen verwandtschaftlich verbunden fühlten. Noch heute rechnen sich z.B. Indianer dem Büffel-, Bären-, Schlangen-, Schwarzadler-Clan usw. zu. Die Fährten und Kratzspuren dieser Tiere können als Clanmarken übernommen worden sein (siehe die »Makkaroni« genannten Felsgravuren in bestimmten Höhlen, die eindeutig den Kratzspuren von Bärenpranken nachempfunden wurden), bzw. auch die Tierformen als Ganzes (wie es im vordynastischen Ägypten z.B. Tierclan-Stammesverbände gab, aus denen dann in pharaonischer Zeit die Reichsgaue wurden: Hasengau, Löwengau, Stiergau, Gau des Schakals

usw. – aus ihnen erwuchsen bekanntlich die altägyptischen Lokalgötter, die auf Menschengestalt die jeweiligen Tierköpfe trugen).
Die Weiterentwicklung dieser Totemzeichen und Clanmarken würde dann in archetypischem Sinn konsequent hin zu den Wappenschildern des Ritteradels führen (Heraldik), zu den Handwerksmarken bis hin zu den Firmensignets der Moderne. Ein gedanklicher Zusammenhang, der nicht so ohne weiteres von der Hand zu weisen ist.
Betrachten wir die Kieselsteine (z.B. von Mas d'Azil, Frankreich), die die Steinzeitmenschen auflasen, bemalten und an ihre Wohnplätze mitnahmen, so fällt dabei sowohl die strenge, fast schon an Bildmarken und Buchstaben erinnernde Gestalt als auch die Verwandtschaft zu Felsmalereien auf, wie wir sie aus nacheiszeitlichen Höhlen (z.B. in Spanien) kennen:

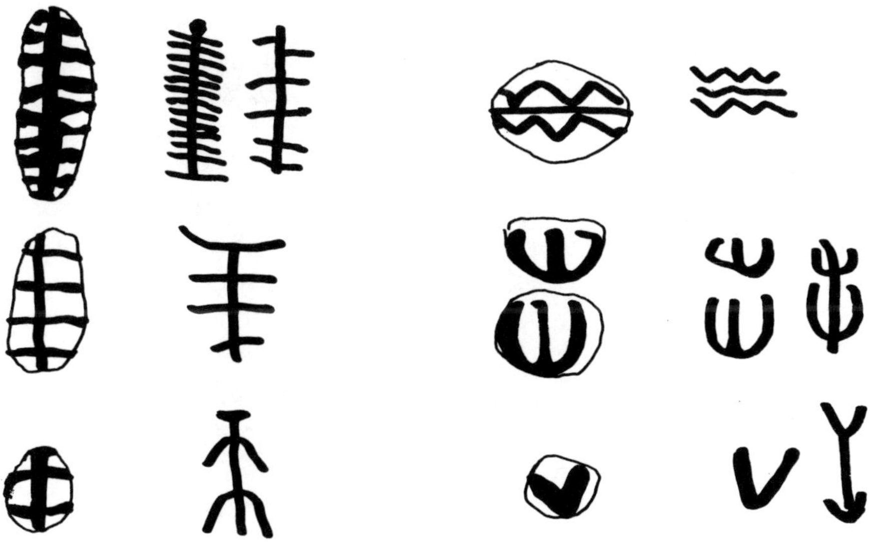

Abb. 4: frühe Formzeichen, links: bemalte Kiesel, Mas d'Azil, Frankreich, jeweils rechts daneben: Felsmalerei, Südspanien

Lange Zeit standen ausschließlich die sehr naturalistischen Tierdarstellungen solcher Höhlen im Mittelpunkt der Betrachtung. Es wurde dabei übersehen, daß es daneben auch (wenn auch seltener) Abbildungen von Menschen und Gegenständen, Halb- und Ganzreliefs und darüber hinaus eine Fülle von stark abstrahierten Bedeutungszeichen gibt.

Einige Beispiele für die erstgenannte naturalistische Tierdarstellung:

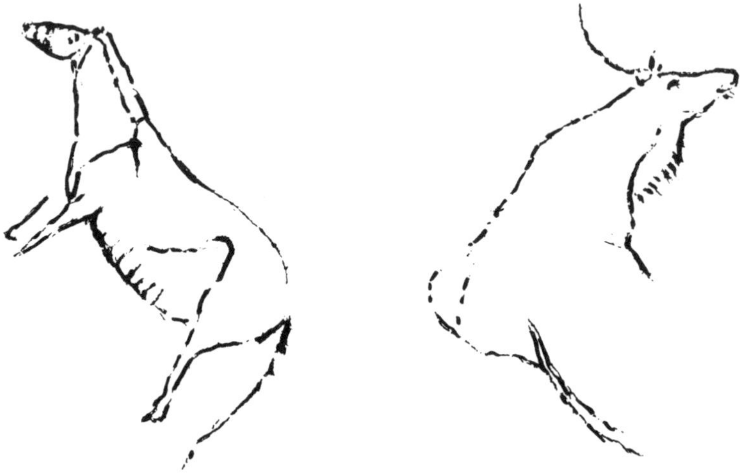

Abb. 5: links: Wildpferd, rechts: Ren, beide Darstellungen aus der Höhle Las Monedas, Nordspanien

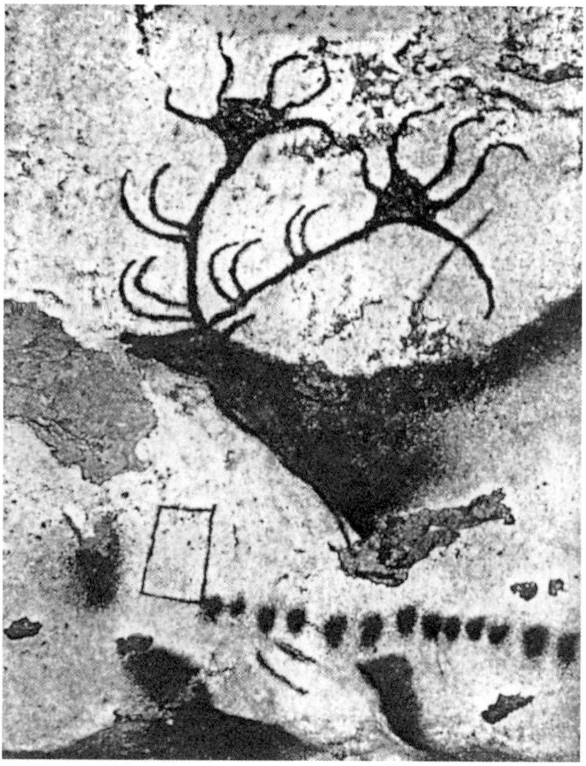

Abb. 6: Hirsch, Lascaux, Dordogne

Nach der verbreiteten Lehrmeinung handelt es sich bei den Tierdarstellungen um eine Art Jagdzauber, der darauf ausgerichtet war, das zu jagende Wild magisch zu beschwören, zu bannen. Ferner dienten die Tierbilder auch zum Initiationsritus, d.h. junge Männer wurden in den abgelegenen, geheimnisumwobenen Höhlenabschnitten zum Jäger geweiht, mit den Besonderheiten des Wildes und ihrer Tierseele vertraut gemacht und übten sich an solchen Bildern und Reliefs in der Kunst des Bogenschießens und Holzlanzenstechens.
Da die Tierdarstellungen inzwischen relativ gut datierbar sind (Höhepunkt der Höhlenmalerei war im sogenannten Magdalénien zwischen 15.000 und 12.000 v.Chr. mit einer Spätphase bis etwa 8.000 v.Chr.), kommt man allerdings zu einer etwas differenzierteren Einschätzung des möglichen Sachverhalts. Einige Tiere (wie z.B. Mammut, Wollnashorn usw.) starben allmählich aufgrund sich rapide verändernder klimatischer Bedingungen aus, andere (wie das Ren) wanderten nach Norden ab, bei wieder anderen kam es durch Überjagung zum Artensterben. Mit einem Satz: Das jagbare Wild wurde knapp, die bis dahin vorhandene Nahrungsgrundlage geschmälert, die Rolle des Jägers fraglich, weniger wichtig und schließlich ganz durch andere Maßnahmen der Nahrungsbeschaffung (Tierzucht, Pflanzenbau, Landwirtschaft) verdrängt. In dieser Situation eines voranschreitenden Kulturwandels wird eine Art »Jagdmagie« wahrscheinlich, die zum Inhalt hatte, das ausbleibende Wild im Inneren der Erde, im »Schoß der großen lebensspendenden Urmutter, der Herrin über Leben und Tod«, auf seine Rückkehr hin zu beschwören. Nur tiefgreifende Nöte und Ängste können das in bestimmten Zeitabschnitten der frühen Höhlenmalerei kulminierende starke Potential an Religiosität, kultischer Verehrung und Beschwörung hinreichend erklären.
Es ist interessant, daß in diesem Zusammenhang immer häufiger Darstellungen von als Tier verkleideten, mit besonderen Kultgegenständen (Tierkopfstäbe, Bumerangs usw.) ausgestatteten Schamanen auftauchen (Abb. 7/8, Seite 22), die in der Vergangenheit zu mancherlei Spekulationen Anlaß boten. Es würde bei weitem den Rahmen dieses Buches sprengen, auf den Schamanismus mit all seinen Erscheinungsformen näher einzugehen, deshalb sei diesbezüglich besonders auf die Literaturempfehlungen des entsprechenden Kapitels hingewiesen.
Marie E. P. König u.a. waren die ersten, die darauf hinwiesen, daß neben der reinen Jagdmagie noch ein anderer Aspekt, nämlich der einer kultischen Verehrung weiblich-zyklischer Fruchtbarkeit, in den Höhlenbildern und -gravuren Bedeutung erlangt. Als symbolische Urzeichen dieser

Abb. 7: Schamanendarstellung, Grotte von Trois Frères, Frankreich

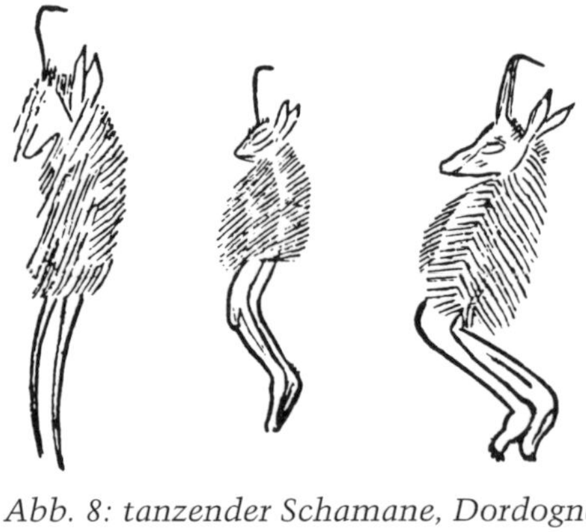

Abb. 8: tanzender Schamane, Dordogne

Art wären z.B. die vielen Vulven, Dreiecke, Bohrlöcher und parallelen Linien (besonders in französischen Höhlen) zu nennen.
Der französische Vorgeschichtsforscher André Leroi-Gourhan stellte im franko-kantabrischen Raum und im Umkreis der Tierbilder sogar einen ganzen Katalog solcher Ursymbole fest, die er in typisch männliche und weibliche Bedeutungsträger einteilte.

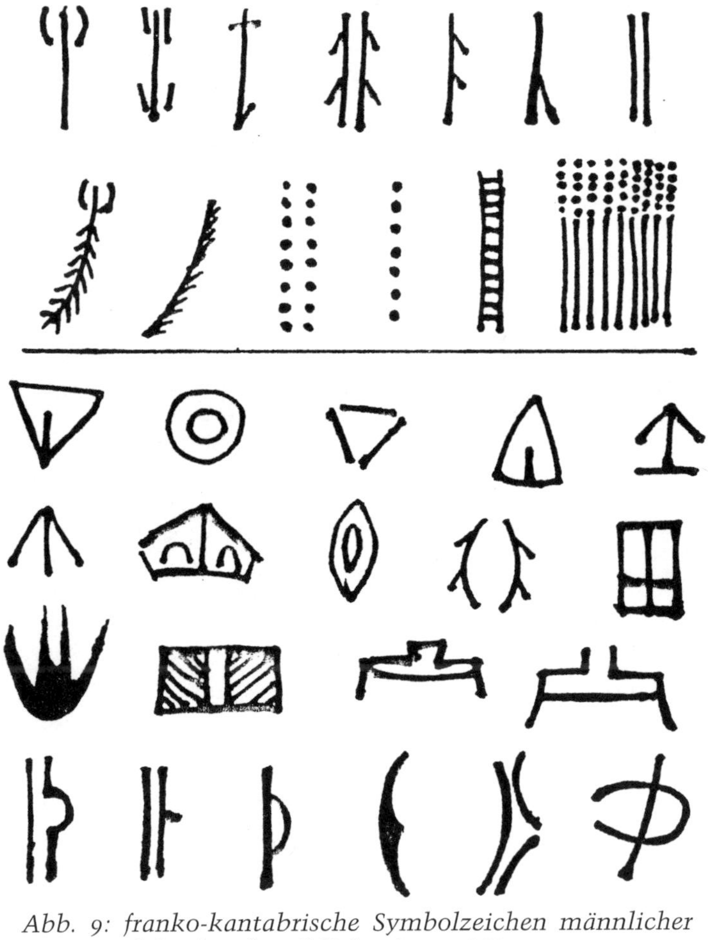

Abb. 9: franko-kantabrische Symbolzeichen männlicher (oben) und weiblicher (unten) Deutung

Verfolgen wir diese Spur weiter, so stellen wir fest, daß dabei die weiblichen Symbole bei weitem überwiegen. In den Reliefs und vor allem bei den Vollplastiken ist dies unbedingt der Fall. Die bekannteste der zahllosen altsteinzeitlichen Frauenplastiken ist zweifelsohne die etwa 25.000 Jahre alte »Venus von Willendorf« (Wachau, Kreis Krems, Niederösterreich). Sie wurde aus feinem Kalkstein gefertigt, ist 11 cm hoch und war ursprünglich dick mit roter Farbe bedeckt. In diesem Zusammenhang sei darauf hingewiesen, daß der Urfarbe Rot, der »Farbe des Lebens«, in der Steinzeit größte Bedeutung zukam: die meisten Felsbilder weisen diese Farbe auf, ebenso waren die Felsgravuren (Petroglyphen) ursprünglich damit ausgemalt, auch die Kleinplastiken und Idole. Roter Farbstoff kommt als natürliches Erdpigment in weiten Teilen der Erde vor und wird wohl als »Blut der Erde« und damit der Erdmutter angesehen worden sein.

Abb. 10: Vulven-Darstellungen, Grotte de Moigny, Île de France

Die Venus von Willendorf weist die typische Ikonographie der Fruchtbarkeitssymbolik auf: eine nackte, beleibte Frau mit starken Hüften, vorstehendem Bauch und schweren Brüsten. Fast nie wurde Wert auf Gesichtszüge gelegt; jeder Versuch, der Göttin menschliche Züge zu geben, unterblieb. Zwei Eigenschaften der Statuette fallen sofort auf. Erstens laufen die Beine spitz zu und weisen Abnutzungsspuren auf, was darauf hinweist, daß die Figur häufig in den Erdboden gedrückt bzw. in Vertiefungen gesteckt, also regelrecht aufgestellt wurde. Zweitens liegt sie erstaunlich »handschmeichlerisch« in der geschlossenen Hand, was die Vermutung zuläßt, daß sie auch so »gehandhabt« worden ist, z. B. als Kultobjekt, das Gebärende während der Wehen in der Faust pressen konnten.
Nachfolgend einige Abbildungen solcher Urmutterfiguren vollplastisch

und im Relief, wobei bemerkenswert ist, daß einige der Darstellungen auch androgyn (zusätzlich mit Phallus ausgestattet) sind (Abb. 13/14),

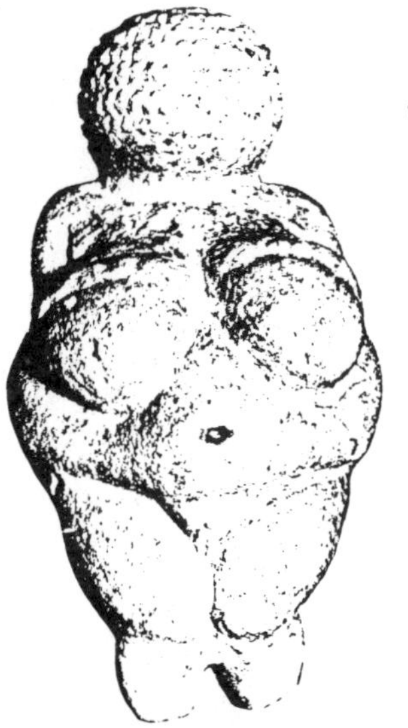

Abb. 11: Venus von Willendorf, Niederösterreich

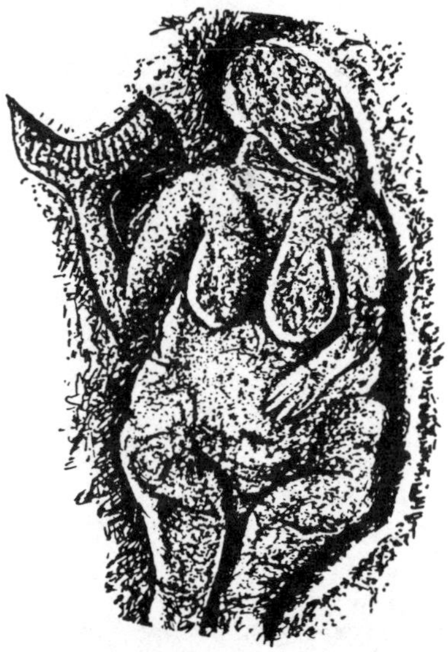

Abb. 12: Venus von Laussel, Dordogne

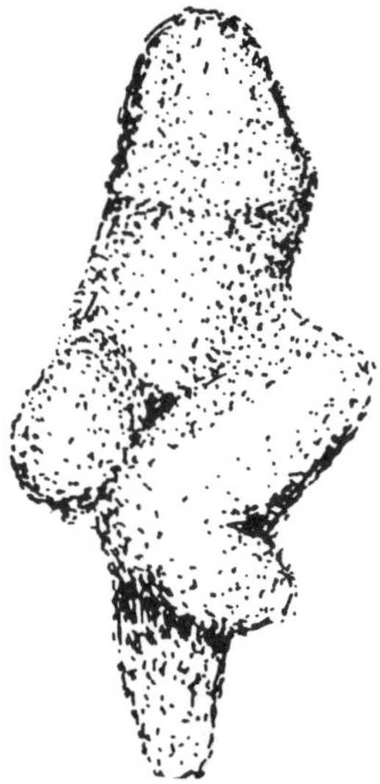

Abb. 13: Androgyne Figur, Tursac, Dordogne

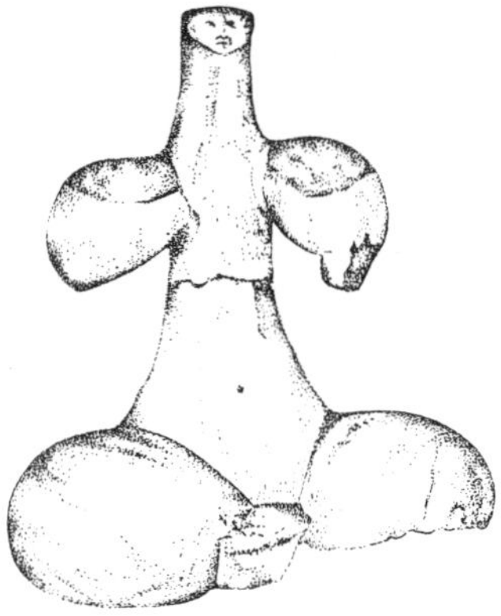

Abb. 14: Urmutter von Tara, Gran Canaria

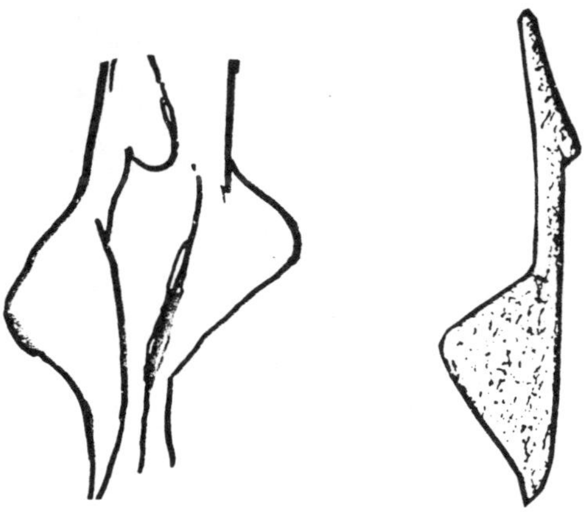

Abb. 15: Frauendarstellungen, Gönnersdorf am Rhein

Abb. 16: Jungsteinzeitliche Frauendarstellungen, Südspanien

während wieder andere, vor allem die späteren jungsteinzeitlichen Figuren, eckiger und stark abstrahiert erscheinen. (Abb. 15–16).

Abb 17: Weiblicher Menhir, St. Sernin, Frankreich

In der frühen Megalith-(Großstein-)Kultur bis hinein in die Bronzezeit wird die Abbildung der Urmutter in ihrer Formensprache bezüglich bestimmter Attribute immer mehr ikonographisch, die auch in starker Reduzierung noch verständlich bleiben: Brüste, über dem Bauch gefaltete Arme, Beine, starrer, eulenartiger Gesichtsausdruck, von dem schließlich nur noch die verdichtete Glyphe des Augenpaares übrigbleibt, Striche als Gesichtsbemalung und eine Halskette in konzentrischer Kreisform (wohl die Mondphasen andeutend), die auch allein für sich als Lebens- und Wachstumszeichen verstanden wird (siehe Wellenkreise).
Durch ein Augenpaar symbolisiert, blickt uns Mutter Erde an, die große Herrin über Leben und Tod, und ihr Blick wird zum magischen Bannblick

(wie auf dem Schwellenstein vor dem Allerheiligsten im Tempel Hal Tarxien auf Malta), zum hypnotisierenden Obeliskenblick der Sage, zum

Abb. 18: Urmutter-Augenpaar, Knockmany, Irland

Abb. 19: Augenmotiv am Sanktuarium Hal Tarxien, Malta

»Göttlichen Auge« der ägyptischen Hieroglyphen (geheime, heilige Zeichen), das sogar heute noch, nämlich auf der Rückseite der derzeit gültigen Dollarnoten, zu finden ist.

Abb. 20: Augen-Pyramide, US-Dollar

An diesem Beispiel wird besonders deutlich, was mit archetypischer Formensprache gemeint ist: nicht die konkrete Abbildung der Realität, sondern eine zum Zeichen verdichtete klar verständliche Aussage mit all den ihr innewohnenden Interpretationsmöglichkeiten. Bildsprache ist rechtshemisphärische, analoge Kommunikation; ein Bild ist immer ganzheitlich, als Archetypus eindeutig, mehrdeutig auslegbar aber in seiner Assoziationsbreite. Auf diese Mehrdeutigkeit legten die frühen Menschen besonderen Wert – was als Archetypus jedem Mitglied eines jeweiligen Kulturkreises sofort verständlich war, bot dem lesegeschulten Schamanen, dem Druiden und Priester die Möglichkeit zu differenzierterer Auslotung und Interpretation. Noch heute bietet beispielsweise die Abbildung eines uns zuzwinkernden Auges je nach Kontext für den Betrachter eine Fülle von Auslegungsmöglichkeiten, und nur der mit den vielen Varianten der Körpersprache vertraute Werbepsychologe und Gestalter ist in der Lage, diese nonverbale Kommunikation sicher zu verstehen und zielgerichtet einzusetzen.
Einen ähnlich eindeutigen und zugleich komplexen Sinnzusammenhang stellen die Abbildungen von Händen und Füßen dar, die uns als Ausdrucksform seit der Altsteinzeit bekannt sind.
Die vielen in einer prähistorischen Art der Airbrush-Technik hergestellten Bilder von (oft scheinbar verstümmelten) Händen stellen wohl sogenannte Bedeutungszeichen dar – vergleichbar den altindischen »Mudris« und der symbolischen Fingergestik oder den Fingerspielen beispielsweise

beim balinesischen Tempeltanz bzw. japanischen Theater. Sie sind uns als »Fatimas Hand« in der islamischen Ikonographie ebenso bekannt wie auch – um eine relativ moderne Variante zu nennen – als Erkennungszeichen der Terrororganisation »Schwarze Hand« (Algerienkrieg). Zugleich sagt uns die altsteinzeitliche Symbolsprache aber auch: hier war, hier ist eine unsichtbare Person, eine Gottheit womöglich, deren ständiges »Handeln« immer noch sichtbar und wirksam ist.

Abb. 21: Hand- und Fußdarstellungen in altsteinzeitlichen Höhlen

Man nimmt heute an, daß die Pigmente (zumeist in der Urfarbe Rot) durch einen Röhrenknochen über die als Schablone dienende Handfläche gepustet wurden. Die Pigmente hafteten am Fels übrigens nur, weil erstens als Bindemittel das in vielen Höhlen vorkommende Kalkwasser benutzt wurde und zweitens die Abbildung auf der Felswand im Laufe der Zeit übersintert, also mit einer natürlichen Schutzschicht überzogen wurde. So verdanken wir dem Sinterungsprozeß, daß die Höhlenmalereien überhaupt erhalten blieben.

Auch Füße stehen stellvertretend für die Anwesenheit einer ansonsten unsichtbaren Gottheit. Konturen von Füßen, Fußzeichnungen und Gravuren sind beinahe überall auf der Welt als Spuren frühester Formensprache aufzufinden. Immer ist der »Standpunkt« dabei an einem besonderen, »heiligen« Platz und steht in kultischem Zusammenhang, selbst wenn er profanisiert wird wie bei gewissen heutigen Hochzeitsriten der Berber, bei dem sich das Brautpaar auf eine »Anhöhe der Vorfahren« begibt und dort in die eingekerbten Fußspuren stellt, um die wohlwollenden Blicke und Gefühle der Ahnen auf sich herabzulenken, auf deren Spur sie hinfort voranschreiten werden.

Augen, Hände und Füße – sind das die einzigen Körperteile, die aus der Formensprache der Urzeit deutlich werden? Nein, da gibt es zudem noch

den Mund, von dem wir wissen, daß er als archetypisches Zeichen von größter Wichtigkeit für die frühkindliche Prägung ist: Im Test mit Säuglingen läßt sich ein (die Mutter darstellendes) Porträt so weit reduzieren, bis auf der Pappscheibe nur noch der Mund übrigbleibt, also selbst die so ungeheuer wichtigen Augen verschwunden sind. Ist dieser Mund nach unten gebogen, löst er augenblickliches Unbehagen und Weinkrämpfe aus, ein nach oben gebogener Mund hingegen erzeugt den sogenannten Smily-Effekt, den auch jeder Erwachsene kennt, richtig einordnet (Auslösesignal für den Lachvorgang) und schätzt (z.B. als Ansteckbutton oder Autoaufkleber). Weitere Körpersignale der nonverbalen Kommunikation werden in einem späteren Kapitel (siehe Idealgesicht) besprochen und die Aussagen mit entsprechenden Tests unterstützt, so daß wir uns momentan nicht damit aufhalten müssen. Wenden wir uns statt dessen einem anderen Aspekt der gleichen Angelegenheit zu, der zwar zugleich den Protest der Archäologen und Symbolforscher hervorrufen wird, aber dennoch so auffällig ist, daß wir ihn nicht unterschlagen können. Und zwar meinen wir den Zusammenhang mit dem Mond (der in südlichen Breitengraden, z.B. in Ägypten, Mesopotamien, auf den Kanarischen Inseln, zu bestimmten Zeiten im Frühling tatsächlich als Halbmond auf dem Rücken liegt und nicht wie bei uns als halbwegs senkrechte Sichel steht). Daß dieser Mond eine verblüffende Ähnlichkeit mit dem Stiergehörn besitzt, fiel bereits vor den antiken Hochkulturen den altsteinzeitlichen Jägern auf und veranlaßte sie, diese Symbolform immer wieder realistisch oder stark schematisiert darzustellen (siehe Abb. 12, Seite 25: Hier hält die Venus von Laussel das Mondgehörn als Zeichen der Fruchtbarkeit in ihrer rechten Hand).
Über den starken inneren Zusammenhang von Mond, Stiergehörn, Frau und Fruchtbarkeit sind bereits zahlreiche Abhandlungen erschienen (eine Auswahl davon in den Literaturempfehlungen zu diesem Kapitel).
Nun ist der Mond in seiner zyklisch wechselnden Gestalt ja tatsächlich eine Besonderheit. Die Sonne bleibt formkonstant, wandert für den Betrachter im Bogen über den Himmel (symbolisch von Geburt zu Tod), um nach dem Untergang durch die (vorgestellte) nächtliche Unterwelt zu wandern, bis sie am Endpunkt der Reise des morgens wieder erneut aufersteht (Wiedergeburt, ewiges Leben). Die Sonne ist wichtig, sie wärmt, gibt Licht und spendet Leben und – sie ist zuverlässig, weil stetig und formstabil (bis auf die seltene Ausnahme einer Sonnenfinsternis, die allerdings im Denken der frühen Menschen einer Katastrophe oder

zumindest schweren Prüfung gleichkam). Stellt man einen Gnomon, einen Stab, später auch einen Stein (Menhir) in die Erde, so läßt sich an seinem Schatten und der Relation zur Sonne die Zeit ablesen. Der Gnomon ist also der Zeiger der Uhr, die erste Uhr für die Messung der Tageszeit überhaupt. Mehr zur Sonne und ihrer ungeheuer kraftvollen Symbolik in Kürze auf den folgenden Seiten. Zuvor aber noch einmal zurück zum wesentlich vielseitigeren und in seiner wechselnden Formensprache auch ambivalenteren Mond. Seine Form wechselt wie gesagt zyklisch im Neun-Tage-Rhythmus bzw. in drei deutlich unterscheidbaren Phasen, was haargenau dem Biorhythmus des Menschen und auch dem Menstruationszyklus entspricht. Schon immer wurde der Mond als weiblich aufgefaßt, müßte also eigentlich »die Mondin« heißen (was z.B. beim römischen »Frau Luna« noch deutlich wird). Mit der sich zyklisch verändernden Form der Mondin läßt sich nun die Zeit in einem ganz anderen Rhythmus messen, nämlich als Jahr (alle alten Kulturen rechneten, wie wir wissen, bis zur Einführung des modernen patrilinear determinierten Kalenders noch in Monden).
Auch die Fruchtbarkeit – und dies war der Kerngedanke der Steinzeit – hängt mit dem Mond zusammen und läßt sich neun Monate bis zur Geburt recht genau berechnen. Es lag daher nahe, die Mondsichel als zentrales Formsymbol zu erkennen, die »Dreifaltigkeit« der Mondin (ihre drei Gesichter, man achte auf die »heilige Zahl drei« – drei Nornen, drei Jungfrauen usw. bis hin zum patrilinear sinnumgeformten Dreiergespann Vater, Sohn und heiliger Geist) in die archetypische Gestaltung mit einzubeziehen und mit Vergleichbarem in Zusammenhang zu bringen (z.B. Stier, Apis-Stier, Hörnerhelm).

Einige Beispiele aus der frühen Formensprache der Menschheit dazu:

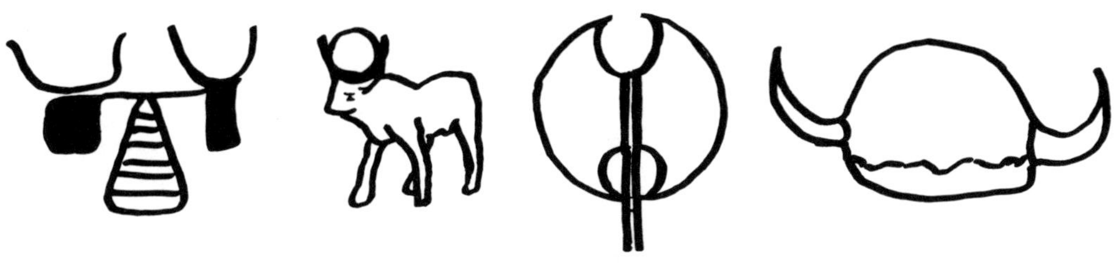

Abb. 22: Kultwagen, Monte Bego, Frankreich, Apis-Stier, Ägypten, Kretische Doppelaxt, indianischer Hörnerhelm

Noch immer spiegelt sich dieses Denken in der Formensprache, die uns heute umgibt, wieder: bei der Frauenbewegung, beim Teufel (der alten, durch das Christentum entweihten und dämonisierten Gottheit; selbst Zeus, Pan und Moses tragen übrigens auf alten Darstellungen noch Hörner), in der Fahne des Islam, als Hammer und Sichel im Kommunismus usw. Archetypisch betrachtet wurden »der« Sonne und »die« Mondin zum Ausdrucksmittel polarer Männlich- bzw. Weiblichkeit und gehören zum elementaren Alphabet unserer Formensprache (das O der Sonne, das A des Mondes, das vom alten Zeichen ∀ stammt, dem Bildzeichen »Stier«).

Konstant, zyklisch und polar – dies sind drei bestimmende Charakteristika jeglicher Gestaltung und auch des menschlichen Denkens, das nur funktioniert und überhaupt etwas erkennen und feststellen kann, wenn es einem dieser Prinzipien folgt bzw. sogar alle drei (glückliche Zustände höchster Erkenntnis!) zugleich auf verschiedenen Ebenen wirken spürt.

Polarität als Bewußtseins- und Gestaltungsprinzip (hierzu sei zwecks theoretischer Vertiefung besonders auf die Bücher »Brainfloating« bzw. »Selftiming« von Harald Braem hingewiesen) steht am Anfang der Menschwerdung, der Erschaffung von Weltbildern und Götterfiguren und damit der frühesten menschlichen Formensprache. Stellvertretend für den in allen Kulturen der Welt dokumentierbaren Dualismus seien hier zwei Götterbilder archetypischer Ausprägung, die aus unserem Kulturkreis stammen, vorgestellt. Sie wurden links und rechts eines drei Kilometer langen Bohlenweges durch das niedersächsische Wittemoor bei

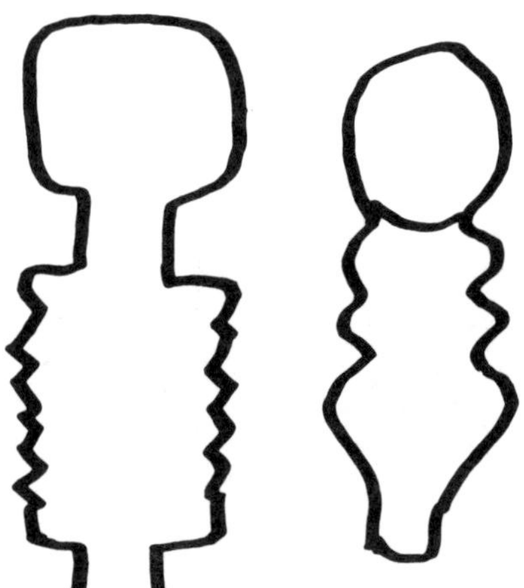

Abb. 23: Kultfiguren, Wittemoor, Niedersachsen

Oldenburg gefunden. Bitte betrachten Sie die Figuren genau, und ordnen Sie selber zu; wir glauben, daß sich ihre Formensprache so deutlich äußert, daß eine weitere Erklärung überflüssig ist.

Die Figuren aus dem Wittemoor sind aus Holz und stammen aus dem dritten Jahrhundert v. Chr. Ältere Holzfunde sind sehr selten, da Holz bekanntlich rasch verwittert, doch wissen wir, daß es immer schon eine Fülle kultischer Plastiken und Architektur gab (vor Stonehenge z. B. die inzwischen rekonstruierten »Woodhenges«), ja, daß vor der Steinzeit die tragende Kultur Ausdruck einer reichhaltigen, größtenteils leider verlorengegangenen Holzzeit war. (In diesem Zusammenhang sei explizit auf die jüngst bekannt gewordenen, eindrucksvollen Forschungsergebnisse des Experimentalarchäologen Dietrich Evers verwiesen, siehe Literaturempfehlung).

So sind wir heute verständlicherweise von den Zeugnissen der Steinzeit und vor allem den Relikten der Großsteinbauten (Megalithkultur) beeindruckt. Eines der deutlichsten Erkennungszeichen dieser Kultur und Formensprache sind die Tausende noch erhaltener und in ihrer Häufigkeit auffällig auf Nordwest-Europa konzentrierter Menhire. Man hat diese zum Teil tonnenschweren, hohen und erstaunlich fachgerecht in der Erde verankerten Steine (der größte uns bekannte mißt 20,6 m, wiegt mehr als 350 Tonnen und liegt in drei Teile zerbrochen bei Carnac, Bretagne) häufig als phallisch-männliche Symbole interpretiert; um viele ranken sich Zeugungs- und Fruchtbarkeitssagen, und etymologisch wird das Wort auf die Sprachwurzel »men, man, Mann« zurückgeführt. Doch sind uns auch eine Reihe weiblich determinierter Menhire (siehe Abb. 17, Seite 26) und sogar androgyne bekannt. Gleichgültig, ob sie nun als Ahnensteine, Altäre, Visur zur Himmelsbeobachtung und Zeitmessung, Fruchtbarkeitssymbol, Gedenkstelen, Grabsteine oder sogar als geodätisch auf Erdstrahlen und andere energetische Kräfte ausgerichtete »Magnetnadeln« oder Weltsäulen, wie manche behaupten, Verwendung fanden – Tatsache ist, daß sie über lange Zeiträume hinweg in der menschlichen Formensprache eine tragende, um nicht zu sagen richtungsweisende Bedeutung besaßen.

Archetypisch betrachtet sind nämlich Kirchen, besonders gotische Kathedralen, oder auch unsere hypermodernen Wolkenkratzer so etwas wie Menhire und Ausdrucksformen des gleichen Gestaltungsprinzips.

Ein weiteres als männlich einstufbares Bildzeichen ist der Pfeil, wie er z. B. im allgemein üblichen Symbol für maskulin auftaucht ♂ . Das Symbol wird oft auch als Waffe (Dolch, Speerspitze usw.) oder einfach als aufsteigende Linie dargestellt und assoziiert die Bedeutungsinhalte Sonne, Sonnenstrahl, Kraft, Aggression, Jagd, Tötungsabsicht, Dynamik, sich zielgerichtet ausbreitende Energie usw.

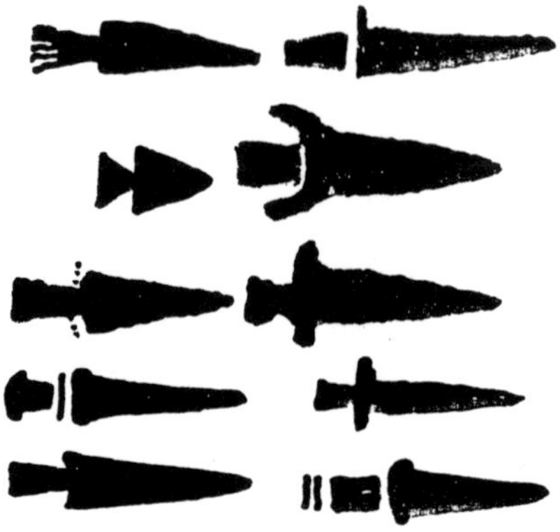

Abb. 24: »Sonnen-Dolche«, Valcamonica, Italien

Solche Zeichen kommen schon seit der Altsteinzeit in Motiven der Felsbildkunst vor, galten in Ägypten (z.B. in der Armana-Phase Amenophis / Tut-Ench-Amun) als Hieroglyphe für die Lebenssymbole, Kraft der Sonne, und tauchen heute wieder in modernen Piktogrammen und Markenzeichen auf (Deutsche Bank usw.).

Abb. 25: Piktogramm Deutsche Bank

Das dualistische Prinzip von Sexualität bzw. Zeugung und Schöpfung tritt auch deutlich bei den sogenannten »Näpfchen« oder »Elfenmühlen« der Schalensteine zutage, die man in weiten Teilen Westeuropas findet. Über die Entstehung und Nutzung der Schalensteine ist viel gerätselt worden. Offenbar stellen sie rituelle Bohrungen dar, einen sexuell gedachten Akt des Befruchtens der Erde durch kultische Anbohrung. Diese Schalen sind oft in Gruppen angeordnet, die durchaus Analogien zu bestimmten Sternen- und Planetenkonstellationen zulassen. (Von den zahlreichen Instituten, die sich mit der Dokumentation und Erforschung des Phänomens der Schalensteine befassen, sei an dieser Stelle besonders eines hervorzuheben: Verein der Schweizer Schalensteinfreunde, Urs Schwegler, Sentibühlstr. 49, CH-6045 Meggen)

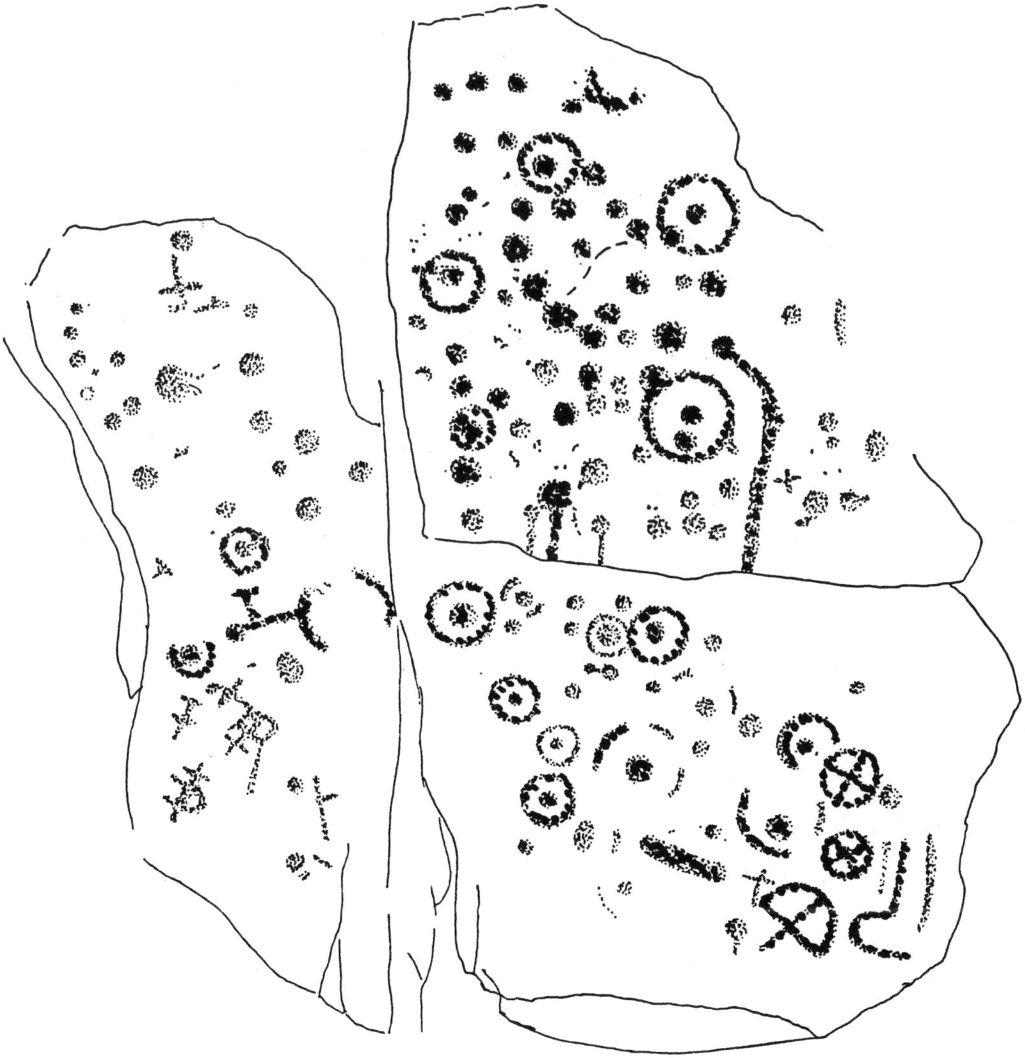

Abb. 26: Schalenstein, Villa/Alp Cotter, Schweiz

An dieser Stelle muß auf ein besonders nachhaltig wirksames Paradigma unserer Vorfahren hingewiesen werden, nämlich die Existenz dreier Welt-Erlebnis-Ebenen: Mittelerde – die »normale« Basis menschlichen Seins, Unterwelt – das unterirdische Reich der großen Erdmutter, die »Hölle« der Märchen und Mythen, in der Hel, die »Großmutter des Teufels« wirkt, und die überirdische Himmelswelt jenseits der Menhire und Berge. Diese drei Ebenen werden durch den Baum, die Weltesche Yggdrasil, den Schamanenbaum symbolisiert, dessen drei Seinsformen Wurzel, Stamm und Krone die drei Welten verkörpern. Der Schamane steigt zu den

Wurzeln hinab (jede Höhle bedeutet so gesehen einen Einstieg in die Unterwelt), klettert den Stamm hinauf (heute erinnert daran noch der Maibaum, der Fahnenmast, auch das Bergsteigen scheint ursächlich damit verbunden zu sein) und fliegt von der Spitze aus in den Himmel (Fliegen als archetypischer Wunschtraum der Menschheit, im schamanistischen Ekstasekult oft durch Fliegenpilze und andere Drogen erreicht, siehe dazu auch das Flugreiten der Hexen auf dem Besen). Der Archetypus Baum (Leben, Stammbaum usw.) ist tief in der menschlichen Psyche verankert und rührt uns noch immer an – auch wenn die ursprüngliche schamanistische Seinsdeutung als Drei-Welten-Symbol längst in Vergessenheit geraten ist. Heute, zu Zeiten fortschreitender kultureller Entwurzelung, des Waldsterbens und zunehmender Orientierungslosigkeit, vielleicht mehr denn je.

Abb. 27: Weltbaum, Felsbild, bayerische Alpen

Abb. 28: Ahnenboot mit Weltbaum, Felsbild, Schweden

Immer schon hat der Mensch Abbilder seines Bewußtseins gestaltet, aus der Tiefe seiner Psyche geformt und für andere sichtbar nach außen gebracht. Wie kam es eigentlich überhaupt zur Entstehung der Felsbilder? Zunächst hängt dies stark mit dem Rückweichen der Eiszeiten zusammen: durch Gletscherschliff geglättete Platten boten sich als »Leinwand« für diese Bilder an, als »Pinsel« dienten zumeist Steinfäustel, Obsidian, später Werkzeug aus Metall. Es wurde gepickt, gepunzt und graviert, und stets war der Vorgang dabei mehr als nur darstellende Kunst, er war eine magische Handlung, war Religion. Auch wenn auf den Felsplatten des italienischen Valcamonica, in Skandinavien und in der Bretagne, am Monte Bego, auf den Kanarischen Inseln usw. scheinbar Szenen des Alltagslebens dargestellt sind, ging es um wesentlich mehr als eine

Reproduktion der allgemein akzeptierten Wirklichkeit – es fand stets eine kultische Überhöhung der Realität statt, visionäres Wunschdenken, das als Gebet, Ersatzopfer, Trancereise usw. Zwiegespräch mit der Gottheit war. Die Orte der Felsbildkunst wurden zudem nicht willkürlich gewählt (etwa wo sich ein Gletscherschliff anbot), sondern nach bestimmten Kriterien ausgesucht. Es handelte sich immer um »Plätze der Macht«, um Kraftpunkte, die vom Schamanenkünstler irgendwie aufgespürt wurden. Diese Orte hatten bereits eine besondere Ausstrahlung, und es galt, diese Plätze zusätzlich zu »imaginieren«, mit Vorstellungsbildern magisch aufzuladen, so daß auch andere Menschen, bis heute, davon berührt wurden.

Abb. 29: Felsbild, Karelien, UdSSR

Abb. 30: Felsbild, La Palma, Kanarische Inseln

Abb. 31: Felsgravuren, Gotzenalm, Bayern

Es ist merkwürdig, daß die Menschen aller Zeiten sich diesem Zauber nicht entziehen konnten: Ein vergessenes steinzeitliches Heiligtum etwa wird später z.B. von den Kelten wieder aufgesucht und nach ihren Vorstellungsbildern umgewandelt (etwa durch Aufrichten von Menhiren). Der christliche Glaube spürt die dem Platz innewohnende Kraft noch immer und hat nichts eiligeres zu tun, als den Ort in seinem Sinn zu weihen, die Menhire mit Kreuzen zu schmücken oder sie ganz zu solchen umzuwandeln, die heiligen Bäume (Irminsul usw.) und Haine zu fällen und vielleicht dort eine Kapelle zu errichten. Auch diese mag wieder zerfallen und verschwunden sein, und plötzlich tauchen spirituell bewegte Anhänger einer New-Age-Sekte auf und wählen genau den gleichen Platz (oft ohne jegliche Kenntnis seiner Historie) für ihre natur-

verbundenen Zeremonien. Man kann diesen Vorgang einer nie abreißenden »Kettenreaktion« als lebendigen Archetypus bezeichnen, zu dem selbst die modernste Form der Felsbildkunst – die Touristen-Graffiti – noch zu rechnen ist, denn es ist schon merkwürdig, an welchen Stellen und was für Zeichen dort häufig angebracht werden.
Wir können hier nicht auf alle Facetten der Felsbildkunst eingehen, haben das an anderer Stelle auch bereits ausführlicher getan (siehe Literaturverzeichnis), möchten aber dennoch einige typische Erscheinungen der frühen Formensprache der Menschheit exemplarisch herausstellen. Es handelt sich um die Zehntausende von Menschendarstellungen, die mit erhobenen Armen in den Fels graviert wurden und ikonographisch Adoranten, d.h. Anbeter, bedeuten. Dazu einige Beispiele aus verschiedenen Kulturkreisen:

Abb. 32: Adoranten-Darstellungen, links: Valcamonica, Italien, Mitte: Monte Bego, Frankreich, rechts: Banco de Balos, Gran Canaria

Im Grunde könnte man sie aufgrund ihrer verständlich kommunizierenden Formgebung als erste Piktogramme bezeichnen, wobei auffällt, daß in unserer heutigen säkularisierten, religiös verarmten Welt die Beschwörungshaltung der erhobenen Arme nicht mehr vorkommt. Die Arme und Hände der heutigen Menschen sind nicht mehr auf die himmlischen Götter ausgerichtet, auch nicht auf die werktätige Ebene von Mittelerde (wie z.B. bei den Ägyptern), sondern hängen eher passiv (den Kräften der Unterwelt ausgeliefert?) herab, wie etwa beim modernen Piktogramm an Toilettentüren.

Abb. 33: moderne Mann-Frau-Piktogramme an Toilettentüren

Da fällt es schon auf, wenn ein Politiker wie Franz-Josef Strauß bei der letzten, für seine Verhältnisse recht kritisch ausgegangenen Wiederwahl als Parteivorsitzender beschwörend die Arme in die Adorantenhaltung hochreißt. Archetypische Formensprache, die trotz Sinnverlust immer noch die gleichen Inhalte übermittelt...
Ein weiteres interessantes Beispiel aus der Felsbildkunst ist der sogenannte Röntgenstil. Es handelt sich überwiegend um stilisierte Tierdar-

stellungen, die nicht nur die äußere Form sichtbar machen, sondern auch innere Organe, »Lebenslinien« usw. wiedergeben. Solche Bilder tauchen nach der Eiszeit in Skandinavien, Sibirien, Nordamerika und Australien auf und gelten nach heutiger wissenschaftlicher Erklärung als Grundanschauung des magischen Wiederbelebungsdenkens im Schamanismus.

Abb. 34: Elchdarstellung im Röntgenstil, Norwegen

Eine häufige Gestaltform der Felsbildkunst ist das Wasser symbolisierende Zeichen Wellenband, das später als Hieroglyphe übernommen wurde und heute noch als Buchstabe m, Satzzeichen, mathematisches Symbol usw. Verwendung findet.

Abb. 35: Felsritzung in Wellenband-Form

In engem geistigen Zusammenhang stehen dazu die Schiffsmotive, die keineswegs immer reale Wasserfahrzeuge darstellen sollten, sondern ebenfalls vom Wiedergeburtsgedanken in Form von Ahnenschiffen zeugen. Die senkrechten Striche im Schiffskörper stehen stellvertretend für die verstorbenen Vorfahren, die oft von etwas größeren Schamanen in Tierkleidung und mit Kultbumerangs usw. begleitet werden, während der Bug den typischen totemistischen Tierkopfsteven (einen Renkopf, Drachen o.ä.) aufweist. Auch zu diesem Themenkomplex sei auf das Literaturverzeichnis verwiesen.

Abb. 36: kultische Schiffsdarstellung, Norwegen

Abb. 37: Barke mit Kabine, Bco. de Balos, Gran Canaria

Ein altes komplexes Bedeutungszeichen stellt das Labyrinth, die Trojaburg oder Mühle dar, von der zweifelsohne die im Barock so beliebten künstlich angelegten Gartenlabyrinthe abstammen, ebenso wie unser Mühlespiel und im übertragenden Sinn die Spirale.

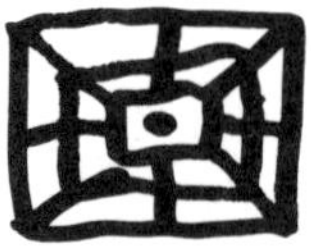

Abb. 38: Mühle-Felsritzung, Brixen, Tirol

Abb. 39: Labyrinthdarstellung, Nordwestspanien

Abb. 40: Labyrinthdarstellung, Zentralindien

Auf die vielseitig auslegbare Spiralform, nach Friedensreich Hundertwasser »das Hauptsymbol der Schöpfung überhaupt«, wird später im entsprechenden Kapitel näher eingegangen werden. Beschäftigen wir uns lieber mit einer noch einfacheren, dafür aber noch mehr ausdeutbaren Urform – dem Kreis (siehe dazu aber auch das entsprechende Kapitel). Wir wissen nicht genau, wie stark die Wahrnehmung des Embryos im Mutterleib ist, nehmen aber an, daß dieser erste »Umwelteindruck« erheblich ist und entscheidend das spätere Leben draußen prägt. Lassen Sie uns anstelle einer analytischen Erläuterung dazu Analogien wie Höhle, Hülle, Haus usw. assoziieren. Danach bestimmt ein Kreis mit einem Punkt in der Mitte, die Brustwarze nämlich, unser Leben – Nahrungsaufnahme, Leben, Wachstum. Eine Feuerstelle, die schützt, Licht, Wärme und Nahrung spendet, ist natürlicherweise ebenfalls rund. Man versammelt sich darum, spürt Gemeinschaft, Zusammenhalt, Heimat. Die umbaute Feuerstelle wird zum Ofen; mit einer Außenhaut aus Fell, Zeltplane oder Wand entwickelt sich die Formgestalt Haus. Mit der Rundform beginnt unser Leben, setzt sich mit dem Kreis fort und endet mit ihm im Schoß der Mutter Erde: Der Steinkreis der Megalithkultur und aller »primitiver« Zivilisationen steht für dieses Erlebnis. Der Freundschafts-, Verlobungs-, Ehe-, Schmuck-, Siegel- oder Ehrenring setzt die Gestaltform fort und führt konsequenterweise zum (ewig grünen, den ewigen Kreislauf von Leben, Tod und Wiederauferstehung symbolisierenden) Trauerkranz. Zwei ineinandergreifende Kreise stehen für die Partnerschaft zweier Personen, die fünf olympischen für die Gemeinschaft der Kontinente im friedlichen Wettkampf.

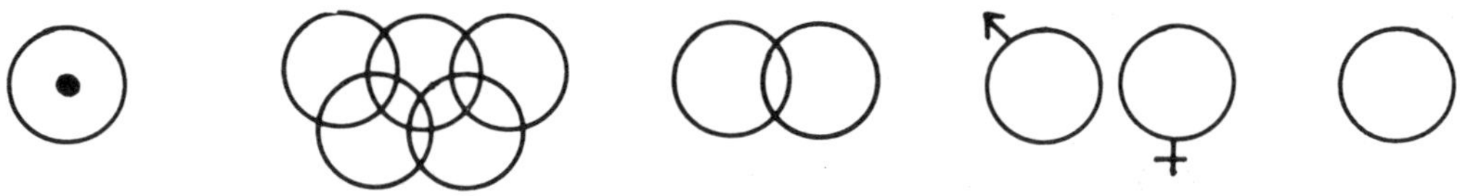

Abb. 41: Verschiedene Piktogramme mit Kreissymbolik

Aus der Durchdringung des Kreises entsteht das Kreuz, aus der Bewegung der Sonne die Svastika, das Hakenkreuz, allesamt steinzeitliche Gedankenbilder, paradigmatische Piktogramme, die erstaunlicherweise bei allen Kulturen und auf allen Kontinenten auftauchen, globale Archetypen also, die überall verstanden wurden und z. T. auch noch werden. Der Kreis in sich ausbreitender Bewegung – durch konzentrische Kreise dargestellt – transportiert den Gedanken des Wachstums – exzentrische Ausbreitung vom Mittelpunkt aus und konzentrisches Zusammenziehen, also Geburt, Wachstum, Sterben, Tod und Wiedergeburt. Häufig wird in der Darstellungskunst der Frühzeit auch der Aspekt von Zeugung, Befruchtung und Geburt dargestellt: Etwas Männlich-Lineares dringt in die weibliche Kreisform ein, stört die konzentrische Ruhe und führt einen Ausbruch (Geburt) herbei. Für Künstler unserer Zeit wie den rechtshemisphärisch analog arbeitenden Maler Hundertwasser stellen diese archaischen Formen kein Rätsel, sondern eine klar verständliche Bildsprache dar, die er selbst gern in seinen Bildern benutzt.
Vom konzentischen Kreis zum Labyrinth, von der zweidimensionalen Spirale bis zur Dreidimensionalität einer sich in den Himmel schraubenden Zikkurat (babylonischer Tempel) ist es nur ein kurzer Weg. Eigentlich liegen all diese Möglichkeiten bereits im Kreis begründet, und es ist nur eine Frage der Denkrichtung und Ausdeutung, um aus der einheitlichen Einfachheit der Form zu bewegten und komplizierteren Bildern zu kom-

men. Jede Form regt zum Nachdenken an, ist Ausgangspunkt einer Reise in unendliche Vielfalt. Die einfachste Form ist geballte Energie, »die gesammelte Kraft des Tigers vor dem Sprung«, wie Asiaten es ausdrücken würden, alles weitere ist keine »Entwicklung«, sondern ein Fließenlassen der innewohnenden Kraft.

Abb. 42: Felsritzungen, Graubünden, Schweiz

Abb. 43: Felsritzung, Nordspanien

Aus diesem Buch, das die Sprache der Formen betrachten soll, könnte sehr leicht ein philosophisches werden, vielleicht so, wie es unsere ganzheitlich ausgerichtete rechte Gehirnhälfte eigentlich immer erwartet. Aber damit würden wir der linken, nach Unterschieden und Analysen suchenden (und damit der Gesamtheit des menschlichen Gehirns) zuwenig Anreiz bieten. Wer sich mit Sprache beschäftigt, muß sich auch die einzelnen Buchstaben ansehen, aus denen sich ein Alphabet zusammensetzt. Dafür bieten die nun folgenden Einzelkapitel noch reichlich Stoff und Möglichkeiten der eigenen, persönlichen Weiterentwicklung. Eine umfassende und zugleich detaillierte Darstellung der frühen Menschheitsbilder kann und soll dieses Kapitel ohnehin nicht bieten, nur einen ersten Überblick mit Spotlights auf einzelne interessante Phänomene.

Abb. 44: Felsritzung, Laugh Crew, Irland

Haben wir bei unseren kurzen Streifzügen durch die frühe menschliche Bildsprache »die« Urform gefunden? Wohl kaum, denn sie existiert nicht in einem einzelnen Zeichen. Es ist mehr die Kraft zur Gestaltung, die Fantasie, die sich Bahn bricht, die zur Form strebt, und diese ist so vielseitig wie die Natur selbst, so rhythmisch und wandelbar, und alle Zeichen, und seien sie noch so unterschiedlich und widersprüchlich, spiegeln nur immer die Gesamtheit wieder. Eine Einheit mit vielen Facetten, Blickwinkeln und Möglichkeiten zur Interpretation.

Abb. 45: Felsritzung, Akka, Südmarokko

Literaturhinweise:

Biedermann, Hans: Lexikon der Felsbildkunst, Graz 1976

–: Wellenkreise. Mysterien um Tod und Wiedergeburt in den Ritzbildern des Megalithikums, Hallein 1977

–: Höhlenkunst der Eiszeit. Wege zur Sinndeutung der ältesten Kunst Europas, Köln 1984

–: Die großen Mütter. Die schöpferische Rolle der Frau in der Menschheitsgeschichte, Bern 1987

Bosinski, G./Fischer, G.: Die Menschendarstellungen von Gönnersdorf der Ausgrabung 1986, in: »Der Magdalénien-Fund-Platz Gönnersdorf«, Bd. 1, Wiesbaden 1974

Braem, Harald: Die Macht der Farben, München 1985

–: Brainfloating. Neue Methoden der Problemlösung und Ideenfindung, München 1986

–: Selftiming. Über den Umgang mit der Zeit, München 1988

–: Felsbilder und Besiedlungsspuren auf der Kanareninsel La Palma, in: ur- und frühzeit 3/87, Hornberg 1987

–: Felsbilder und rätselhafte Schriftzeichen auf der Kanareninsel El Hierro, in: ur- und frühzeit 1/88, Hornberg 1988

– *und Marianne:* Kanarische Inseln. Auf den Spuren atlantischer Völker, München 1988

– Der Kreis im Weltbild des frühen Menschen, in: ur- und frühzeit 3/89, Hornberg 1989

– Menhire auf den Kanarischen Inseln, in: ur- und frühzeit 4/89, Hornberg 1989

Breuil, H. / Berger-Kirchner, L.: Franko-Kantabrische Felskunst, in: Die Steinzeit. Vierzigtausend Jahre Felsbilder (»Kunst der Welt«), Baden-Baden 1960

Duerr, H. P.: Traumzeit. Über die Grenze zwischen Wildnis und Zivilisation, Frankfurt 1978

Eggebrecht, A.: Die Darstellungen, in: Lascaux, Höhle der Eiszeit, (S. 30–56), Mainz 1982

–: Elementarzeichen. Urformen visueller Kommunikation, Berlin 1985

Eliade, Mircea: Schamanismus und archaische Ekstasetechnik, Zürich/Stuttgart 1957

Evers, Dietrich: Vom Kultstab bis zum Steckenpferd. Der magischkosmologische Geisterflug durch die Jahrhunderte, Hornberg 1985

–: Felsbilder arktischer Jägerkulturen des steinzeitlichen Skandinaviens, Stuttgart 1988

–: Holzzeit. Überleben dank Holz, Wiesbaden 1989

Fester, R. / König, Marie E. P. / Jonas, D. F. / Jonas A. D.: Weib und Macht. Fünf Millionen Jahre Urgeschichte der Frau, Frankfurt 1979

Findeisen, H. / Gehrts, H.: Die Schamanen. Jagdhelfer und Ratgeber, Seelenfahrer, Künder und Heiler, Köln 1983

Glöckner, Herbert: Dokumente zur Religion aus megalithischer Zeit. Zur Entwicklung aus der Kultur der westlichen Großsteingräber, Frankfurt 1988
Graichen, Gisela: Das Kult Platz Buch. Ein Führer zu den alten Opferplätzen, Heiligtümern und Kultstätten in Deutschland, Hamburg 1988
Jung, C. G.: Der Mensch und seine Symbole, Olten 1968
König, Mari E. P.: Am Anfang der Kultur, Berlin 1973
–: Das Weltbild des eiszeitlichen Menschen, Marburg 1954
Kühn, Herbert: Die Kunst Alt-Europas, Stuttgart 1954
–: Wenn Steine reden. Die Sprache der Felsbilder, Wiesbaden 1966
–: Auf den Spuren der Eiszeitmenschen, München 1958
–: Eiszeitkunst. Die Geschichte ihrer Erforschung, Göttingen 1965
Lissner, I.: So lebten die Völker der Urzeit, München 1979
Mayer, Albert: Gravr'inis. Bretonische Felsbilder aus alteuropäischer Mysterienwelt, Stuttgart 1974
Müller, Rolf: Der Himmel über dem Menschen der Steinzeit, Berlin, Heidelberg und New York 1970
Narr, K. J.: Weibliche Symbol-Plastik der Älteren Steinzeit, in: ANTAIOS Nr. 2, 2/1960
–: Zum Sinngehalt der altsteinzeitlichen Höhlenbilder. SYMBOLON N. F. 2, Köln 1974
Priuli, Ausilio: Le incisioni rupestri di Monte Bego, 1984
Reden S. von: Die Megalithkulturen. Zeugnisse einer verschollenen Urreligion, Köln 1982
Sawwatejew, Juri: Karelische Felsbilder, Leipzig 1984
Schreiber, Hermann: Auf den Spuren des frühen Menschen, München 1980
Teichmann, Frank: Der Mensch und sein Tempel. Megalithkultur in Irland, England und der Bretagne, Stuttgart 1983
Wollenik, Franz: Abwehrhand und Drudenfuß. Felsbilder in Bayern, Hallein 1982

2

Kinderzeichnungen – die Sprache einer Bilderwelt

Warum . . .?

». . . einen Elefanten auf einem Auto«; kaum angedeutet wird das Ganze mit roter Wasserfarbe übermalt: »Weil das Auto zugemalt ist, kann es nicht wegfahren«. Dann: »aufgemalt«, das heißt Farbe entfernt, »fährt es los«. Mit brauner Farbe übermalt: »Kann auch nicht mehr fliegen, weil die Luft weg ist«.
Uns verblüfft diese eigenartige, unbestreitbar einfache Logik der Ausdrucksform. Eine Symbolsprache, vielleicht wie eine Fremdsprache, die uns allen einmal bekannt war, einigen unserer Zeitgenossen geläufig ist, deren Bedeutung uns aber weitgehend verschlossen scheint.
Das Kind, das zeichnet, ist das Kind, das sehen lernt. Es erschließt sich die Welt, lernt sie zu begreifen und stößt doch immer wieder auf neue »ungelöste« Ereignisse. Ein Baum ist ein Baum, ein Wald ist ein Wald. Feste Vorstellungen prägen unser Denken.

»Ich male praktisch einen Wald«

Abb. 46

In dieser Zeichnung wird unsere Realität erschüttert. Und doch schafft dieser dreijährige Zeichner hier eine für ihn die Wirklichkeit bedeutende Welt. Ein Leben, in dem Gesehenes und Erdachtes, Erlebtes und Erfundenes unbewußt zu einer Einheit verschmelzen. Eine schöpferische Kraft, die die Welt mit »anderen Augen« erfahren läßt. Gesehenes und Gefühl,

Form und Ausdruck bilden das Ganze. Ein imaginäres Bild, das dem Wesen einer Form näher kommt als das gegenständliche Abbild. Der Mythos Wald, als Symbol behaftet mit Erfahrungen, Gefühlen, Ängsten. Der Mensch nicht nur Kopf, Körper, Arme, Beine. Ein Kreis mehr als eine gleichmäßig gekrümmte Kurve... Wir verlassen damit den Boden empirisch gesicherter Erkenntnisse. Die These, nach der sich die Bedeutung des Formgefüges auf die real optisch vermittelten Gegenstände beschränkt, scheint für die Vielschichtigkeit und Mehrdeutigkeit der kindlichen Darstellungswelt nicht ausreichend. Die Kinderzeichnung wäre demnach nur die Wiedergabe einer Form und eines Gegenstandssinnes. Aus mangelnder motorischer Fähigkeit entstünde eine unbeholfene Strich- oder Kritzelzeichnung. Natürlich müssen anatomische Voraussetzungen mit einbezogen werden, denn der Körper dient als funktionelle Gegebenheit des zeichnenden Kindes. Das Wesentliche besteht jedoch in der Suche nach den auslösenden Kräften des kindlichen Gestaltungsdranges. Zeichnen ist mehr, als nur das Gesehene aufzunehmen, zu verarbeiten und umzusetzen. Vielmehr erlaubt uns die bildhafte Sprache dieses »stummen« Wesens Einblicke in die Vorstellungswelt von Menschen, deren Handeln weitgehend von Instinkten und Gefühlen geleitet wird und die sich so »frei fühlen«, daß ein Gegenstand, über seine Erscheinung hinaus, durch seine Ausstrahlung empfunden und dargestellt werden kann.

Die Entwicklung

Die erste Faszination

Kennen wir nicht alle das »Robinson-Gefühl«, unsere Fußspuren an einer unberührten Sandküste hinterlassen zu haben? Das Einritzen des Namens in eine Baumrinde, das Besprühen von Wänden, ein Schriftstück mit feierlicher Zeremonie in das Fundament eines Bauwerkes eingelassen, die Eintragung in ein Gästebuch – Rituale, mit denen ein Ort, ein Gegenstand, eine Person zu etwas besonderem erhoben wird. Prominente geben Autogramme. Ein Künstler signiert seine Werke und verleiht ihnen den Anspruch des Einzigartigen. Wann immer ein Schauspieler einen hohen Bekanntheitsgrad erreicht hat, wird ihm die Ehre zuteil, unter großer Anteilnahme der Öffentlichkeit, seine Fuß- und Handabdrücke auf dem »Broadway« zu hinterlassen. Das »Verewigen« eines persönlichen Zei-

chens, sei es durch ritzen, malen oder schreiben, ist ein faszinierendes, bedeutungsvolles Spiel.
Diese Begeisterung für die Entstehung einer persönlichen »Spur« läßt sich bis in die frühe Kindheit zurückverfolgen. Beobachten wir die ersten Ausdrucksformen von Kindern! Wasser- und Schlammschlachten, Klecksen, Sudeln, Nahrungsmittelverschmieren sind expressives, dynamisches Herantasten an neue Möglichkeiten der Gefühlsäußerungen. Das Kind entdeckt, daß die Spuren von ihm stammen und von Dauerhaftigkeit sind. Dieses Tun ist bereits eine »Quelle des Glücks«. Was wäre, wenn kultur- und zivilisationsgebundene Äußerungen nicht formen würden? Wenn die gespreizte Hand das haptische Verbindungsglied von Material und Gemaltem darstellen würde? Wenn das Weiche der Paste mit dem Harten von Holz, dem Rauhen von Stein, dem Glatten von Papier über die Hand verschmelzen und seinen Ausdruck im Gemalten finden würde?
Oft schon vor dem zweiten Lebensjahr beginnt das Kind zu zeichnen. Träumend gibt es sich dem Gestaltungsprozeß hin. Linien, die nicht gegenstandsbezogen sind, entstehen. Es erscheinen fließende Choreographien, Linien von dynamischer Lebendigkeit. Das Kind ist vollkommen eins mit den Rhythmen, die auf dem Papier sichtbar werden. Auf die Bitte eines Erwachsenen hin, seine Tätigkeit zu kommentieren, ist es nicht in der Lage, die Zeichnung mit Inhalt zu belegen. Zeigen sich hier stark instinkt- und gefühlsbezogene Bereiche, mit denen das Kind in dieser frühen Entwicklungsphase noch auf das engste verbunden ist?
Zahlreiche Untersuchungen von Kinderzeichnungen ergaben über Generationen und ethnisch-kulturelle Grenzen hinweg eine immer wiederkehrende Formensprache. Ihr Vokabular besteht aus folgenden Konfigurationen, die wir im einzelnen vorstellen werden.

Das Urknäuel

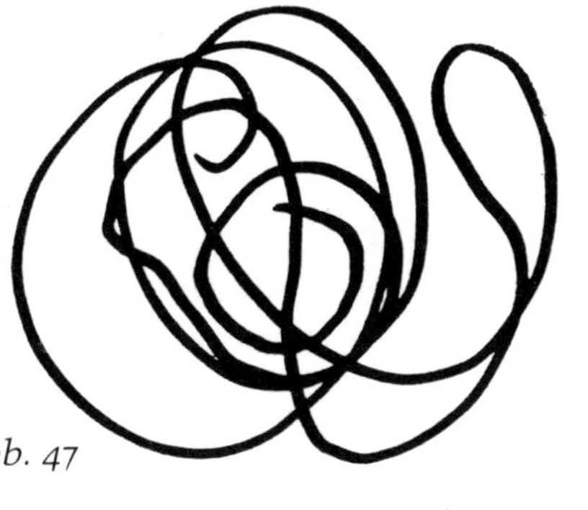

Abb. 47

Diese freischwingende Bewegung entsteht aus einer Urbewegung. In einer kreisenden Rotation führt der Weg von außen nach innen und kommt in einem Schwerpunkt zum Stillstand. Die Linien-Knäuel treten in geballter Form auf.
Mit dem Kritzeln beginnt die bildneri-

sche Entfaltung des Kindes. Nicht die entstandenen Spuren, sondern die Freude an der Bewegung und am Spiel mit Papier und Farbe veranlassen das Kind dazu.

Die Spirale

Abb. 48

Die Bewegung wird ruhiger und überlegter ausgeführt. Sie reflektiert die Situation des Kindes in seinen Entdekkungen – »Ich-Umwelt«. Die Mutter als zentrale Figur, auf die alle Versuche hin- oder von der alle weggerichtet sind. Es gibt noch keine bestimmte Grenze, aber einen Anfang, ein Ende und eine vom Kind bestimmte Ordnung.

Der Kreis

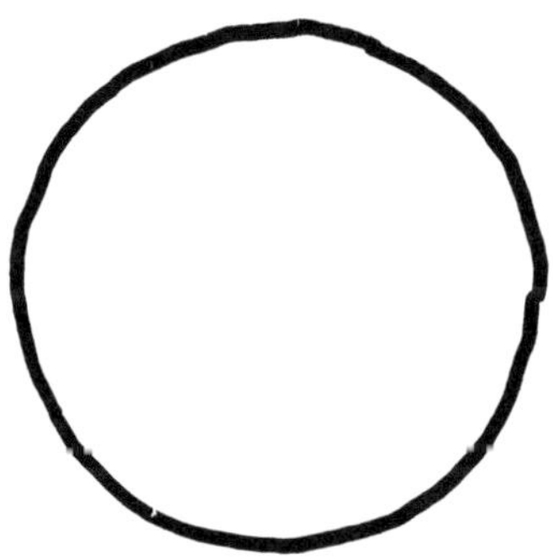

Abb. 49

Das Bemühen, einen geschlossenen Kreis zu zeichnen, tritt etwa ab dem dritten Lebensjahr auf und ist Ausdruck des erwachenden Ich-Bewußtseins. Das Kind stellt fest, daß es ein Innen und Außen gibt, daß Dinge zu ihm gehören und andere nicht. Es merkt, daß seine Mutter ein abgegrenztes Wesen ist, von dem es z.B. ohne Probleme wegkrabbeln kann.

Das Zentrum

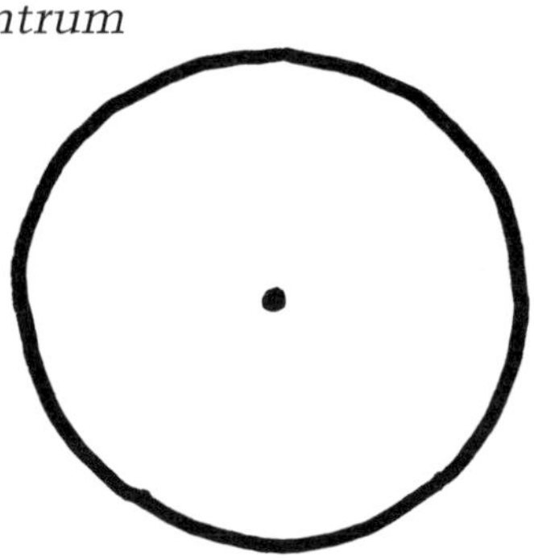

Abb. 50

Dem Kind wird bewußt, daß es Arme und Beine diagonal vom Körper wegstrecken kann und daß sein Bauchnabel das Zentrum seines Körpers ist.

Das Urkreuz

Das Urkreuz bildet die Grundlage der Orientierung im Raum. Hierin spiegelt sich das Bemühen des Kindes um den aufrechten Gang, das Gefühl für Senkrechte und Waagrechte, für Oben und Unten, Rechts und Links.

Abb. 51

Die Pulspunkte

Das Kind entdeckt, daß in seinem Körper Herzschlag, Puls und Atem rhythmisch ablaufen. Die Pulspunkte sind Ausdruck von Bewegung und Leben. Sie werden dort eingesetzt, wo Schwerpunkte betont werden sollen, z.B. in Körpern, Blumen, Häusern. Das Malen dieser Punkte geschieht in einem bestimmten Rhythmus, der sich je nach Stimmung ändern kann.

Abb. 52

Kreuzungen

Hat das Kind alle vorangegangenen Erfahrungen gemacht, erstrecken sie sich nun über den Kreis hinaus und tasten das Umfeld ab. Es hat inzwischen die nötige Entfernung zur Mutter gefunden, die es ihm ermöglicht, sich innerlich sicher und unabhängig zu fühlen, um etwas Neues zu entdecken.

Abb. 53

Die Urformen

Abb. 54

Die Urformen sind Ausdruck des Körperempfindens. Genauso wie der Körper in seinem Wachstum konstant bleibt, bleiben die Urformen in ihrer Entwicklung konstant. So wie die Körperempfindungen die Grundlage für das Lernen sind, sind die Urformen die Grundlage der visuellen Wahrnehmung. Daher verschwinden die Urformen auch nicht, wenn das Kind die figurative Phase erreicht. Immer wieder, zum Teil als reine Form, zum Teil in ein Thema integriert, kommen sie zum Ausdruck.
Von den drei Urformen dominiert zunächst das Kreisende, das dann teilweise von Quadrat und Rechteck abgelöst wird. Das Dreieck findet man in Kinderzeichnungen erst sehr spät.

Abb. 55: Strukturschema der zeichnerischen Entwicklung

Phänomene

Das folgende Kapitel, das wir mit dem Titel »Phänomene« überschrieben haben, untersucht Ersatz- und Sinnbilder, deren Symbole im menschlichen Denken tief verwurzelt sind. Wir möchten mit diesem Abschnitt keine vollständige Analyse von Kinderzeichnungen geben, vielmehr suchen wir nach Wegen, um weitere Einblicke in die Vorstellungswelt der Kinder zu erhalten.

Der »Kopffüßler«

Abb. 56

Dieser kleine Zeichner malte zuerst den riesigen Kopf. Darauf folgten Beine, Füße und Hände. Ohren und Haare ordnete er darüber an. Auf die Frage, ob er auch einen Bauch habe, malte er einen Kringel in den Kopf. Erst dann folgten Mund und Augen. Dann meinte er: »Fertig«.

Der Kopffüßler stellt eine charakteristische Gestalterfindung des Kindes dar und verdient unsere besondere Aufmerksamkeit. Er ist weder eine Stufe in der kindlichen Entwicklung zur »natürlichen« Menschendarstellung, noch ein Beweis für eine irreale Körpervorstellung.

Jedes Kind fängt wieder bei einem kulturellen Nullpunkt an. Es schafft sich in der Auseinandersetzung mit den Naturgestalten seine individuelle Symbolik. Doch immer wieder beobachtet man Darstellungen mehr oder weniger identischer »Kopffüßler«. Eine Gestalt, die kein Äquivalent in der Wirklichkeit hat. Die Kreisform, vom Betrachter als Gesicht mißverstanden, bedeutet »Ausgedehntsein«, symbolisiert Körper. Das Kind »vergesichtet« den Menschen dadurch, daß es die Gesamtgestalt mit Augen, Mund und anderen Körperteilen markiert. Dies geht auf die instinktive Handlung bei Kindern zurück, den Körper auf das Gesicht zu reduzieren. Die Kreisform, an die Beine als »Bewegungs- und Richtungsinstrumente«

gezeichnet werden, steht nicht für den Kopf allein, sondern für den ganzen Körper. Der Kreis als erster prägender Formeindruck. Er steht für das Ganze. Eine Vorstellung, die wir auch im »primitiven« Denken finden. Hierbei präsentiert ein Teil des Wesens die Gesamtperson. Die Rundform bedeutet nicht nur die Gesamtgestalt »Körper«, sondern der Kopf ist ein Kopf. Er steht für den ganzen Körper und ist damit zusammen mit den Beinen und Armen die gesamte menschliche Gestalt. Dies ist ein Phänomen stammesgeschichtlichen und »primitiven« bildnerischen Denkens, das Kinder mit Naturvölkern teilen.
Diese sensitive Kraft ist jedoch immer mehr durch die von Foto und Film beeinflußte Vorstellungswelt bedroht. Die Welt einer Generation von Kindern, deren Sehweise durch ständig wechselnde ausschnitthafte Bildreize geprägt werden wird.

Der »Leitermann«

Abb. 57

Das erste Menschenschema entsteht aus der Verknüpfung von Kreisen, Spiralen und Linien. Der »Kopffüßler« war geboren. In dieser Entwicklungsphase entsteht häufig noch das »Leiterschema«. Häuser, Bäume oder Wagendarstellungen werden durch sich kreuzende Linien symbolisiert. Aber auch als Leibzone des Menschen finden sie Verwendung. Auf den »Leitermann« werden wir in einer interessanten Parallele nochmals eingehen.

Der Mann mit Hut

Interessant und merkwürdig ist die Tatsache, daß auch heute noch, im Zeitalter der Hut- und Knopflosen, Hüte und Knöpfe bei den Kopffüßlern eine wichtige Rolle spielen. Das ästhetische Verständnis des Kindes bemächtigt sich besonders prägnanter Formen wie Hüte und Knöpfe. Ein

Abb. 58

Beispiel für die Fragwürdigkeit der Hypothese, daß Kinder lediglich in irrealen Formbildern ihre Umwelt widerspiegeln. In der täglichen Erfahrung des Kindes spielen allerdings Knöpfe und Hüte keine Rolle mehr. Schon seit langem sind es Reißverschlüsse und Mützen, die unsere Kleidung prägen. Für das bildnerische Denken des Kindes jedoch ist der Reißverschluß als Markierungszeichen des Körpers ungeeignet. Er würde als Trennungsstrich den Körper halbieren.

Die eigenen Gesetze

Der »Kopffüßler« mit seinen vielfältigen Gestaltungsformen stellt neben der Raumdarstellung in der Kinderzeichnung das zentrale Phänomen dar. Da sich der Gleichgewichtsnerv als erster Sinn des heranwachsenden Menschen im Mutterleib ausbildet, wäre es denkbar, daß der Fötus bereits eine Art Raumgefühl entwickelt – der Eindruck von warmer, runder Geborgenheit in einer »Kugel«. Diese ursprünglichen Erfahrungen lassen sich in den Kreisdarstellungen der Kinder nachvollziehen.
Hier finden die unbewußten Bestrebungen nach Sicherheit und Schutz ihren Ausdruck. Einfriedung und Abgeschlossenheit des frühen Lebenskreises im Mutterleib werden in diesen Bildern symbolisiert.
Der Mythos der »Mutter Erde«, ausgedrückt durch die kreisförmige Dorfanlage.
Orientieren sich derartige Darstellungen an den archaischen Empfindungen der Kinder, so zeigt sich in folgendem Beispiel eine anders geprägte Denk- und Sehweise.
Bilder werden um einen Punkt gedreht, da Häuser senkrecht auf der Straße stehen. Das Kind betrachtet die Objekte von einem imaginären Zentrum aus. Menschen schweben, weil Arme senkrecht angesetzt sind. Äste stehen im rechten Winkel zu Ästen. Winkel sind senkrecht, Linien sind senkrecht. Die dargestellten Objekte stehen unter eigenen Gesetzmäßigkeiten, die sich nicht an der Realität orientieren.

Abb. 59: Dorf

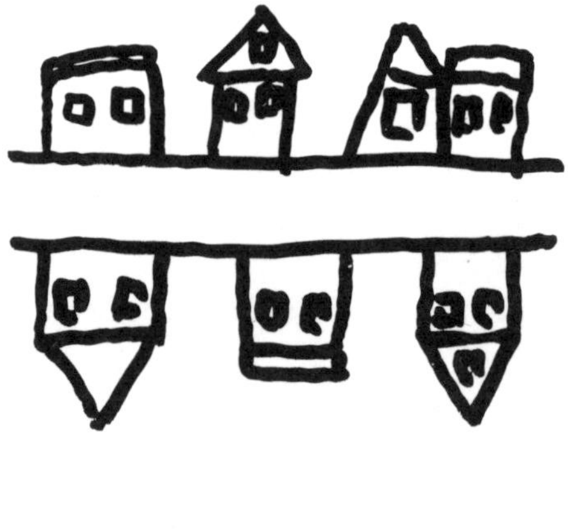

Abb. 60: Klappbilder

Der Röntgenblick

Abb. 61

Besonders eindrucksvoll ist die spezifische Art und Weise des anschaulichen Denkens der Kinder. Sie identifizieren sich mit ihren Schöpfungen und entwickeln individuelle Formen des künstlerischen Ausdrucks. So werden »leblose« Dinge beseelt, sie erhalten menschliche Gestaltformen. Das Kind assoziiert aber auch Konfigurationen, die über die Vorstellungswelt der Erwachsenen hinausgehen. Es verbindet in seinem Denken die äußere Erscheinung einer Figur mit seinem Innenleben durch eine Fantasiewelt aus Formen.

Das Profil

Abb. 62

Die aufgezeigten Bildbeispiele spiegeln den Entwicklungsschritt von der Darstellung der Vorderansicht zur Seitenansicht wider. Dabei entstehen als Zwischenstufen Misch-, Ergänzungs- oder Verdoppelungsprofile. Als Einheit wandern Nase und Mund zur Seite. Der Mund wird nicht selten doppelt dargestellt, vor allem wenn er verschiedene Tätigkeiten ausübt: reden, rauchen, essen etc. Die Augen, zunächst im Profil als Augenpaar abgebildet, verwandeln sich zu einem »Zyklopenauge«, dessen Gegenüber nicht sichtbar ist. Der Drehung des Kopfes kann aber auch die Profildarstellung von Armen und Beinen vorausgehen. Die Drehung vollzieht sich meist nach links, einem, in unserer kulturell bedingten Sehweise, Rückblick gleichbedeutend. Eine Ursachenforschung zur Klärung der Profilwandlung wurde bis heute nicht unternommen.

Die Freiheit des Kindes, das Wahrscheinliche und das Mögliche sind die Stärken, die in der Kinderzeichnung zu spüren sind. Das spielerische Umgehen mit immer neuen Materialien. Das Kotkneten, das Verschmieren von Speiseresten oder Schlammschlachten gehören zu den ersten befriedigenden Tätigkeiten des Kindes. Sie stehen am Beginn des Farbausdrucks. Es entdeckt, daß die Spuren von ihm stammen und von Dauerhaftigkeit sind. Welche Wirkungen darüber hinaus die Materialien mit ihren Farbeindrücken auf das Kind haben, untersucht im einzelnen das dazu erschienene Buch (Braem, Harald: Die Macht der Farben; Wirtschaftsverlag Langen-Müller/Herbig, München 1985).

Kinderzeichnungen im ethnisch-kulturellen Zusammenhang

Als kurzes Resümee aus vorangegangenen Untersuchungen können wir zusammenfassend sagen, daß eine weitgehend identische Symbolsprache in Kinderzeichnungen immer wiederkehrt. Als wir Zeichnungen aus fremden Kulturkreisen in unsere Betrachtung mit einbezogen, ließen sich Unterschiede zu den uns bekannten Darstellungen feststellen. Einflüsse der ethnisch-kulturellen Gegebenheiten waren spürbar und verliehen ihnen einen besonderen Charakter. Andersartige Motivkombinationen, eine dekorative Füllung des Zeichenblattes oder die Wahl der Farben waren Auslöser für eine intensivere Auseinandersetzung mit Kinderzeichnungen außerhalb unseres Kulturkreises. Wir wollten feststellen, ob über die kulturellen Grenzen hinaus die spezifische Formensprache der Kinder ihre Gültigkeit behält.
In Zeichnungen japanischer Kinder sah man eine Tendenz, den Kopf aus Dreiecks- und Viereckselementen zu entwickeln. Schweizerische Kinder stellten den Kopf fast ausschließlich als Kreis bzw. als Oval dar. Dieses interessante Ergebnis spräche für die Auffassung, daß sich jede Motivveränderung aus dem begrenzten Angebot an vorhandenen Grundformen aufbauen muß. Unabhängig vom Gebrauch bestimmter Formen, reagiert das Kind auf seine Umwelt, indem es diese in festliegende Grundformen

umorganisiert. Ob bei der Darstellung des Körpers in Zeichnungen schweizerischer Kinder häufiger Rundformen oder in den Bildern japanischer Kinder häufiger eckige Darstellungsformen bevorzugt werden, ist in dieser Betrachtung sekundär. Wichtiger erscheint uns die Tatsache, daß die »Vokabeln«, das Repertoire an Formen, über kulturelle Grenzen hinaus weitgehend identisch ist. In den frühen Altersphasen kommen sogar kaum Unterschiede in den Formdarstellungen vor, erst die älteren Kinder gleichen offenbar ihr Zeichenschema dem kulturellen Darstellungschema an. Auch bei türkischen Kindern finden wir keine absolut andersartige Formvariante. Lediglich die Überbetonung der Augenbrauen und die Tendenz zur Miniaturisierung wären zu erwähnen. Dies läßt sich eindeutig durch die Orientierung am Gesicht der Mutter und dem anderer Menschen erklären. Die sehr kleine Darstellungsweise findet ihren Ursprung wahrscheinlich in den Erziehungsbedingungen und der damit verbundenen sozialen Stellung der Kinder innerhalb der Familie.

Als letztes Fallbeispiel möchten wir die Untersuchung an einer Gruppe von Beduinen, die in der syrischen Wüste lebte, erwähnen. Sie waren Analphabeten und kaum mit westlicher Kunst, mit Fotografien, Fernsehen etc. in Berührung gekommen. Ihr Leben war geprägt von den Möglichkeiten, die ihnen die Wüste bot, einer Umwelt von Sand, Sonne und Felsen.

Sie tätowierten und bemalten Hände und Gesicht überwiegend mit einfachen geometrischen Formen mit Naturfarbe. Ihre Sättel und Waffen, ihr Silber- und Goldschmuck waren formal ähnlich gestaltet.

Die Männer dieses Beduinenstammes wurden gebeten, einen Menschen zu zeichnen.

Die Zeichnungen der Beduinen entsprachen einerseits der Erfahrungswelt dieser Menschen, andererseits waren sie mit einfachen geometrisierenden Ornamenten aufgebaut. Der Kopf wies kaum Anzeichen eines Gesichtes auf. Der Rumpf war langgestreckt und besaß kaum Merkmale von Bekleidung. Die etwa 100 Zeichnungen entsprachen genau einer Gruppe von Menschen, die kaum mit realistischen Darstellungen in Berührung gekommen waren, sondern es verstanden, sich in einer einfachen Formensprache auszudrücken. Dies unterstützt die Vermutung, daß das formale Grundmuster immer weitgehend identisch ist, daß aber besondere Bedingungen, wie in unserem Fall die Lebensbedingungen von Wüstenvölkern, zu Formveränderungen führen können.

Felsbilder – Kinderzeichnungen

Untersuchten wir in den vorangegangenen Abschnitten die Zeichensprache des Kleinkindes, so erscheint es uns in diesem Zusammenhang unerläßlich, nicht nur die Anfänge des menschlichen Ausdrucks, sondern auch die »Geburt der Zeichensprache« in der Menschheit zu beleuchten. Sie beginnt mit den ältesten *gemalten* Tier- und Menschendarstellungen, die nach heutigen Schätzungen etwa 15.000 Jahre alt sind. Wir wissen nur wenig von den Menschen, die uns diese Zeichen ohne Hintersinn überliefert haben. Lediglich Steinwerkzeuge, Knochen und Grabstätten legen Zeugnis über die Existenz dieser »primitiven« Zivilisation ab. Wir kennen fast immer die dargestellten Tiere. Vergleichen wir die gemalten Figuren mit aus Knochenfunden erstellten Rekonstruktionen, so müssen wir feststellen, daß sie nur wenig mit der tatsächlichen Gestalt übereinstimmen. Zeichnerisches Unvermögen? Wir können nicht sagen, welche Rolle die Abbildungen innerhalb des Glaubens und der Riten dieser Wesen gespielt haben. Sicher läßt sich sagen, daß das Dargestellte diese Menschen so stark bewegt haben muß, daß sie es an Wände malten oder in Felsen ritzten. Es entstand eine künstlich geschaffene imaginäre Welt. Höhlen wurden mit Zeichnungen geschmückt, Kultplätze mit Steinritzungen markiert. Ihre Bedeutungen wurden damals noch verstanden.

Erstaunlicherweise findet man zwischen den zeichenhaften Formulierungen dieser frühen Kulturen und den Ausdrucksformen des Kindes wesentliche Parallelen. Könnte man daher von einer Zeichensprache ausgehen, die allen Werdenden zugrunde liegt?

Zwerge mit riesigen Köpfen erscheinen auf der »Bajada« (der »Herabtragung der Jungfrau vom Schnee«), einem Fest auf der Kanareninsel La Palma. Es sind Tanzmasken, deren Herkunft bis heute nicht geklärt ist, aber weit in die Vergangenheit zurückreicht. Kann man eine Verbindung zu den »Kopffüßlern« ziehen?

Das Motiv der Leiter begegnet uns in sehr vielen archaischen Kulturkreisen. So befand sich im Haus des Schamanen eine Leiter oder ein eingekerbter Pfahl, auf dem der Priester in das Reich der Geister hinauf- bzw. hinabstieg. Die Leiter besaß eine solch große Bedeutung, daß wir ihre Darstellung in vielen Felsgravuren und frühen Malereien wiederfinden.

Abb. 63: Petroglyphe – Leitermotiv, Felsbild Gotzenalm, Berchtesgaden

Abb. 64: »Leitermann«

In anderen Petroglyphen, vorwiegend bei Tierbildern, wurden nicht nur der äußerliche Körper, sondern auch stilisierte innere Organe wiedergegeben.
Sicherlich kann man diese Gegenüberstellung anzweifeln. Die Zeichnungen wurden zu unterschiedlichen Zeiten unter konträren Bedingungen und Beweggründen erstellt. Bemerkenswert bleibt jedoch die Parallelität der Darstellungsformen. Welche, vielleicht doch gemeinsamen Ursachen führten zu dieser Übereinstimmung?
Rudolf Steiner äußert sich zur Entwicklung der Kinderzeichnung folgendermaßen: »Es ist uns geläufig, daß der Mensch während seiner Embryonalentwicklung physiologisch tierähnliche Stufen durchläuft. Auf dem psychischen Feld gibt es ebenfalls Gesetze, die zurückliegende Entwicklungsphasen spiegeln. Innerhalb des kindlichen Zeichnens finden wir auch eine Wiederholung. In welchem Alter auch immer das Kind innerhalb des ersten Jahrsiebtes zum Stift greift, es wird zunächst bei der Kritzelstufe eines Zweijährigen beginnen. Ist das Kind schon älter, so wird es alle Stufen des Gestaltens in rascher Folge durchlaufen, um bei dem Motiv zu verweilen, welches seiner Entwicklung entspricht«.

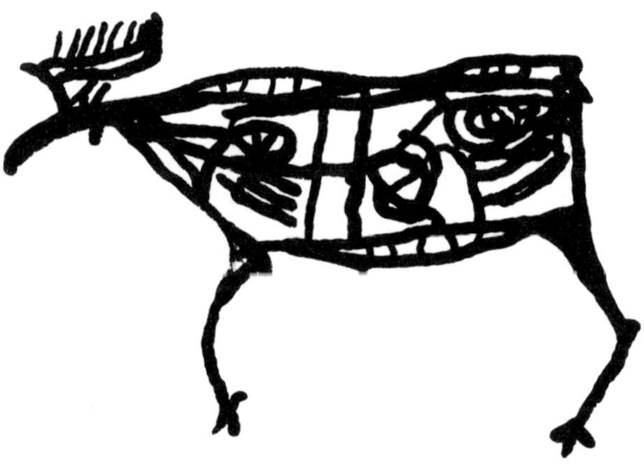

Abb. 65: Röntgenstil – Elchdarstellung (Drammen, Norwegen)

So, wie die Menschen von vor vielen tausend Jahren die Welt der Kunst aus dem Nichts erschufen, wachsen in jedem Kind von neuem seine eigenen schöpferischen Ausdrucksformen.
Dies ist die gleiche Sprache, die auch die Felsgravuren von Valcamonica oder die Höhlenmalerei von Lascaux bestimmte. In der Kraft der Formensprache finden wir eine neue Brücke zum Verständnis des frühesten

künstlerischen Ausdruckes. So, wie die Erde den »Schatz von Lascaux« über 20.000 Jahre schützte, hat der Geist des Menschen seinen Wissensschatz immer von der frühesten Entstehung an bis heute bewahrt.

Resümee

Kinder wollen sich mitteilen, suchen nach einer geeigneten Ausdrucksform, die ihrem »Stumm-Sein« gerecht wird. Jedes Kind fängt bei einem kulturellen Nullpunkt an, sich seine Umwelt zu erarbeiten. Es begibt sich in einen graphischen Traum, gibt seinem inneren Drang nach und fängt an zu zeichnen. Was in diesem Moment in einem Kind vor sich geht, ist nur sehr schwer nachzuvollziehen. Sicher können wir zunächst nur sagen, daß keine realistischen Darstellungen entstehen. Das erste kindliche Produkt hat eigene, von unserer Wirklichkeit losgelöste Gesetzmäßigkeiten. Mit tiefer Befriedigung stellt das Kind nicht den künstlerischen, sondern seinen eigenen inneren Realismus dar.
C. G. Jung stellt die Frage nach der Natur des Unbewußten. Auf der Suche nach den Grundbildern der Phantasie, prägte er den Begriff des archetypischen Ausdrucks. In Analogie zum Farbenspektrum sprach er von einem unsichtbaren, ultravioletten Bereich. Ein Gebiet, das nicht bewußtseinsfähig zu sein scheint, dessen Auswirkungen jedoch sichtbar werden. Archetypische Empfindungen stellen die gewaltige geistige Erbmasse der Menschheitsentwicklung dar, die in jedem Wesen von neuem geboren wird. Archetypen wären damit die vererbten, weitergegebenen Organisationsmuster von Vorstellungen, Kinderzeichnungen demnach bildhaft gewordene »Urmuster«.
Tatsächlich findet das Kind immer wieder die gleichen Formelemente. Wir können bis zum sechzehnten Jahrhundert diese Urbilder in unserem Kulturkreis nachverfolgen. Aber auch ethnisch-kulturelle Grenzen beeinflussen nicht, wie wir nachweisen konnten, die Entstehung dieser Grundmuster. Sie stellen eine allgemeingültige Verschlüsselung von Empfindungen dar. Vielleicht sind sie vergleichbar mit den ägyptischen Hieroglyphen, bei denen die bildliche Darstellung in ein Wort oder einen Textzusammenhang übertragen werden muß. Die Gesamtinformation ist aus einer Sequenz gleicher Teile aufgebaut. Linien, Kreise, Ovale, Vier-

ecke etc. bilden das Ganze. Indem sie alle auf ihre spezifische Art sprechen, entsteht der Ausdruck.

Abb. 66: Röntgenstil – Elchdarstellung (Sakatschi-Aljan, Sibirien)

Abb. 67: »Röntgenblick«

Konrad Lorenz erkannte in seinen Studien zur Verhaltensforschung eine große Gesetzmäßigkeit in der Gestaltwahrnehmung. Machen wir uns aus eigener Erfahrung kurz klar, was bei einem einfachen Abstraktionsvorgang geschieht. Wenn wir den Begriff »Haus« bilden, so assoziieren wir Rechteck – Dreieck. Wir fassen nur solche Merkmale zusammen, die allen Häusern gemeinsam sind, unabhängig von wechselnden Erscheinungen wie Größe, Farbe, Konstruktion etc. Abstraktion beinhaltet demnach die Reduktion vieler spezieller Eigenschaften auf wichtige, allgemeingültige Merkmale; das Markante wird hervorgehoben.
In unseren Untersuchungen haben wir viele Beispiele verglichen und dabei festgestellt, daß sowohl Rund- als auch Rechteckformen verwendet wurden. Gegenstände, aber auch Menschen und Tierkörper setzten sich aus Kreisen oder rechteckigen und trapezförmigen Gebilden zusammen. Berücksichtigen wir, daß es sich in vielen Fällen um das gleiche Motiv handelt, so wird deutlich, daß der dargestellte Gegenstand jedoch nur sekundär die Form beeinflußt. Vielmehr basiert das Formverhalten auf inneren Formprinzipien. Diese Tendenzen lassen sich am eindeutigsten in Kreisdarstellungen auffinden. Die unbewußten Bestrebungen nach Sicherheit und Schutz sind in Kreisdarstellungen stärker als in rationalen Darstellungsweisen.
In der Aufgabe, den Planet Erde zu zeichnen, teilten sich die untersuchten Kinderzeichnungen in zwei große Gruppen von Erddarstellungen. Die Bilder der ersten Gruppe waren geprägt von dem Bemühen einer realistischen Wiedergabe der Erde in Kugel- und Kreisform. Von diesen Darstellungen kann man Parallelen zu mittelalterlichen Landkarten ziehen, in denen die Erde als Scheibe wiedergegeben wurde. Hier treffen erworbenes Wissen und innere Vorstellungen zusammen. In der zweiten Gruppe von Darstellungen dominierten Kreislinien, auf denen Gegenstände angeordnet waren. Diese besonderen Lösungen sind das Ergebnis einer subjektiven Vorstellungswelt des Kindes, die sich in einer eigenen Formenwelt symbolisiert – das Kind selbst ist das Zentrum, um das sich die Dinge anordnen. Drehte sich nicht auch einmal das Universum um die Erde? Nur nach heftigen Widerständen konnten die Wissenschaftler diese archaischen Vorstellungen aus unserer »geistigen Welt« verdrängen. Heute wissen wir auch, daß die Erde eine Kugel ist.
Das zeichnende Kind aber zeigt uns *seine* Bilder einer »Welt«, die damit verbundenen Ideen, Vorstellungen und Gefühle, an die wir uns nicht mehr erinnern können oder wollen. Verlorengegangene Empfindungen, in Kinderzeichnungen für die Zeit gebannt, bewahren ihre Bedeutung auch

dann, wenn sie nicht mehr verstanden werden. Der Kreis, das Rechteck, Quadrat und Dreieck, eine Formensprache kindlicher Darstellungen, die aus mehr als nur ihren Abbildern besteht.

Literaturhinweise:

Egger, B.: Bilder verstehen. Wahrnehmung und Entwicklung der bildnerischen Sprache, Bern 1984
Eid, K. /Hanger, M. / Rufrecht, H.: Kinderkunst, München 1983
Gmelin, O. G.: Mama ist ein Elefant, Stuttgart 1978
Neisser, U.: Die Psychologie des 20. Jahrhunderts, Band 7, Zürich 1978
Richter, H. G.: Die Kinderzeichnung, Düsseldorf 1987

3

Die Symbolik der Grundformen

Kreis, Scheibe, Wellenringe, Rad, Ellipse

An den Beginn unserer Reflexionen möchten wir ein Zitat eines Mannes stellen, der Angehöriger eines sogenannten »primitiven«, d. h. ursprünglichen, authentischen und noch im besten Sinne des Wortes »naiv« denkenden Volkes ist. Es handelt sich um Hächaka Ssapa (Schwarzer Hirsch), Häuptling und letzter Heilender Weiser des Stammes der Ogalalla-Sioux. Seine Worte spiegeln ein archaisches Weltbild wieder, wie es wohl Jahrtausende vor ihm, nicht nur auf den nordamerikanischen Kontinent beschränkt, sondern auch bei steinzeitlichen Sammlern und Jägern bei uns in Europa, Gültigkeit hatte. Dieses Dokument macht auf eindrucksvolle Weise deutlich, daß wir es beim Kreis wohl mit der ältesten und natürlichsten Formgestalt der Menschheit überhaupt zu tun haben:
»In allem, was ein Indianer tut, findet ihr die Form des Kreises wieder, denn die Kraft der Welt wirkt immer in Kreisen, und alles strebt danach, rund zu sein. Einst, als wir ein starkes und glückliches Volk waren, kam unsere ganze Kraft aus dem heiligen Ring unseres Volkes, und solange dieser Ring nicht zerbrochen war, ging es dem Menschen gut. Der blühende Baum war der lebendige Mittelpunkt des Ringes, und der Kreis der vier Himmelsrichtungen nährte ihn. Der Osten gab Frieden und Licht, der Süden gab Wärme, der Westen gab Regen, und der Norden mit seinen eisigen Stürmen verlieh Kraft und Ausdauer. Alles, was die Kraft der Welt bewirkt, vollzieht sich in einem Kreis. Der Himmel ist rund, und ich habe gehört, daß die Erde rund wie ein Ball ist, sowie alle Sterne auch. Der Wind in seiner größten Stärke bildet Wirbel. Vögel bauen ihre Nester rund, denn sie haben die gleiche Religion wie wir. Die Sonne steigt empor und neigt sich in einem Kreis. Das gleiche tut der Mond, und beide sind rund. Auch die Jahreszeiten in ihrem Wechsel bilden einen großen Kreis und kehren immer wieder. Das Leben der Menschen beschreibt einen Kreis von

Kindheit zu Kindheit, und so ist es mit allem, was eine Kraft bewegt. Unsere Tipis waren rund wie Vogelnester und immer im Kreis aufgestellt, dem Ring unseres Volkes – ein Nest aus vielen Nestern, in dem wir nach dem Willen des Großen Geistes unsere Kinder hegten und großzogen.«

Die moderne *Wahrnehmungslehre* bezeichnet den Kreis (genauer: den abgeflachten Kreis, also die Ellipse) als die Grundfiguration menschlicher Wahrnehmung, weil er weitaus mehr als die erst in der Renaissance aufkommende lineare Perspektive den natürlichen Sehgewohnheiten entspricht.

L. F. Shegin stellt in seinem Buch »Die Sprache des Bildes« fest, daß die lineare Perspektive auf Konventionen beruht, die nicht mit der visuellen Wahrnehmung übereinstimmen, d.h. sie verweist auf eine Monokularität des Sehvermögens, die keineswegs der Binokularität des Sehapparats entspricht. Eher entspricht eine konkave Wölbung des Horizonts der Synthese visueller Eindrücke, da sie unterschiedliche Positionen (pluraler Standpunkt) addiert. Genauso wurden bis zum Aufkommen der linearen Perspektive die meisten Bilder gemalt: der Hintergrund konkav gewölbt, der Vordergrund als Widerspiegelung konvex, was insgesamt einen elliptoiden Raum schafft – die zentrale Bildfigur und der Betrachter stehen sich gegenüber. Ähnliches geschieht heute wieder in der Closed-Circuit-Situation im Film: Das Abbild wird Definitionsraum für die eigene Wahrnehmung und bestimmt in der Folge durch den Funktionszusammenhang das Verhalten.

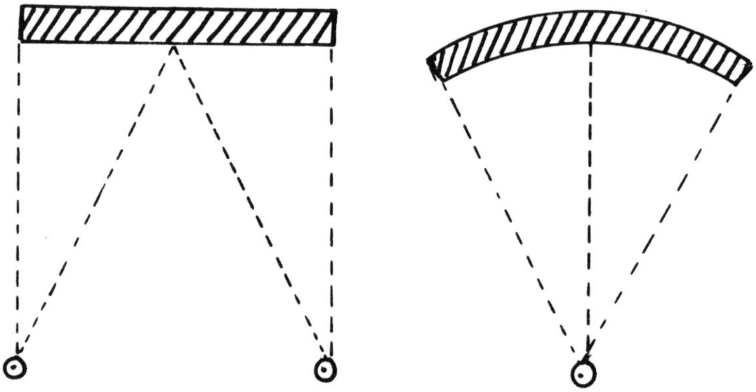

Abb. 68: Links: gespaltene Betrachterposition bei der linearen Perspektive, rechts: zusammengefaßte Wahrnehmung bei der natürlichen Binokularität

Die *Archetypik* sieht in den Rundformen von Ellipse und Kreis zutiefst menschliche Seins- und Entwicklungsstationen repräsentiert: Jeder Mensch wächst als Embryo in einer natürlichen Urhöhle auf (Uterus). Folglich bedeuten auch später Höhlen, Zelte, Häuser, vor allem, wenn der Aufenthalt darin mit Wärme verbunden ist, Schutz und Heimat. Er nimmt die erste, lebensspendende Nahrungsquelle (Mutterbrust) in Rundform wahr, das Gesicht der Mutter dagegen als ovale Scheibe (ein friedlicher Mond, eine freundliche Sonne, die ihn anlächelt), wie wir aus Versuchen mit Säuglingen wissen: Es reicht, dem kleinen Lebewesen eine entsprechende Pappscheibe mit in Smily-Form nachgebogenem Mund vorzuhalten, um augenblicklich bei ihm eine Reaktion des Wohlbefindens hervorzurufen.

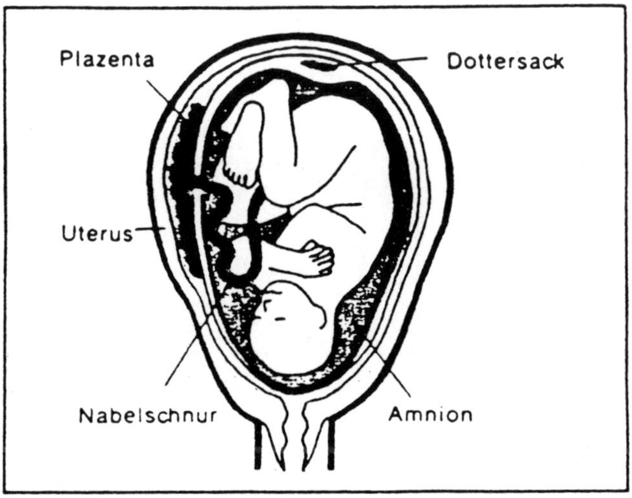

Abb. 69: Embryolage

Abb. 70: Smily-Symbolik

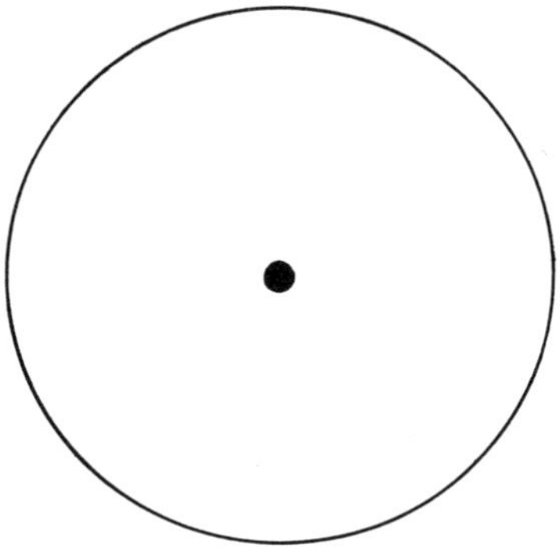

Abb. 71: Symbolform weibliche Brust

Bei allen frühen Menschen (und beim Kleinkind) werden die charakteristischen Eigenschaften der Mutter auf die Erde übertragen (Mutter Erde). Sie bietet Schutz (Höhlen), Nahrung und Anmut (sofern sie sich friedlich »lächelnd« zeigt).
Kreis und Oval stehen ein ganzes Leben lang symbolisch für Nahrungsspende, ob es sich nun um eine Quelle, ein Trinkgefäß, Obst, Beeren oder Brot handelt. Im Mittelalter waren z.B. auf allen Marktplätzen an zentraler Stelle Meßmarken für den Brotlaib, für Wecken und Semmeln angebracht – als Größenkontrolle und Konsumentenschutz.

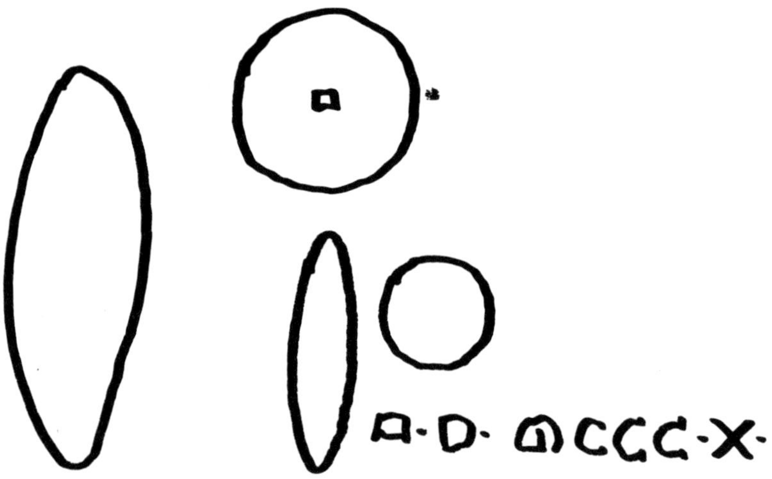

Abb. 72: mittelalterliche Brot-Meßmarken

Dem bereits angesprochenen Aspekt der Wärme kommt bei der Handhabung des Feuers außerordentliche Bedeutung zu. Auch hierbei ist der Kreis das Zentrum, ist Geborgenheit, Heimat, Kultur. Ein offenes Feuer ist immer rund. Zuerst wird ein Steinkreis angelegt, um die Feuerstelle zentriert, dann Holz zeltstangenförmig geschichtet. Auf diese Weise bleibt das Feuer unter Kontrolle – die Steine verhindern ein ungewolltes Ausbreiten, und weil von überall Sauerstoff herankommt, wird das Feuer relativ gleichmäßig brennen. So legen Naturvölker heute noch Feuerstellen an, so haben es unsere Vorfahren getan, seit sie das Feuer »in den Griff bekamen«. Wir nennen die Bändigung des Feuers die erste große zivilisatorische Revolution der Menschheit.
Aus der Feuerstelle ergibt sich zwingend die Urform der ersten Behausungen: Zelt, Iglu, Rundhütte. Das »Dach über dem Kopf« wird als schützende Hütte, als »zweite Haut«, rund um das Feuer gezogen.

Abb. 73–75: Der Steinkreis ums Feuer... wird zu Kuppeln getürmt...
und bleibt als Baumaterial des irdenen Ofens

Diese Rundform ist zugleich äußerst weiblich: Die Frau ist die Hüterin, vielleicht – wovon viele Mythen erzählen – die erste Bändigerin des Feuers. Dazu weist die antike Mythologie zahlreiche deutliche Bezüge auf: Vestalinnen wurden die jungfräulichen Priesterinnen im alten Rom genannt, denen es als besondere Aufgabe oblag, das heilige Feuer zu schützen. Vesta war die altitalienische Göttin des Herdes und des Herdfeuers, verwandt mit der griechischen Hestia. Sie hatte im alten Rom einen Rundtempel (eine auffällige Sonderstellung inmitten des ansonsten rechtwinklig orientierten Forum Romanums!). Denken wir in diesem Zusammenhang auch an das germanische »Heimchen am Herd« (die mit Feuer, Wärme und Kochkunst die Wohnstatt heimelig macht), an die ewige Flamme im Arc de Triomphe, an das olympische Feuer, die Sitte, in Kirchen Kerzen aufzustellen...

Der bedeutende Kulturforscher Mircea Eliade weist auf die Übertragbarkeit der profanen Feuernutzung auf kultische, rituelle und religiöse Ausdeutung hin: »Der Kreis ist die Darstellung eines heiligen, zentrierten, organisierten Bereichs, ihm gegenüber die unermeßliche Ferne eines unorganisierten Bereiches, den wir schlecht kennen und der das Zentrum umringt.«

Und T. Burckardt ergänzt: »Die Nomadenkulturen sahen ihr Ideal in der dynamischen und unbestimmten Natur des Kreises. Deswegen sind ihre Heiligtümer immer kreisförmig, so, wie ihre Unterkünfte, die übrigens als Wiedergabe der Heiligtümer konzipiert wurden. Die seßhaften Völker dagegen sahen ihr Ideal in dem statischen Charakter und der Regelmäßigkeit des Quadrats, wie es der rechtwinklige oder quadratische Plan ihrer Tempel zeigt.«

Die hier angesprochene tiefe Übereinstimmung zwischen Kult- und Profanbau bis hin zur Formensprache von Gegenständen, die magisch-ritueller Nutzung dienten, wird am nachfolgenden Beispiel deutlich: Die »Inipi« genannte Reinigungshütte der Sioux mit dem zentralen Altar weist eine unübersehbare Verbindungslinie zur äußeren Feuerstelle auf.

Die gleiche Grundstruktur in der Formensprache finden wir bei der heiligen indianischen »Friedenspfeife«: auch hier befindet sich die Feuerstelle in einem geschlossenen Kreis. Während der Rauch zum Himmel aufsteigt (oder symbolisch in die vier Weltrichtungen geblasen wird), dient das Rohr der Pfeife (ähnlich dem Kultweg zwischen Feuer und Reinigungshütte) dem Rauch als Weg zum Menschen.

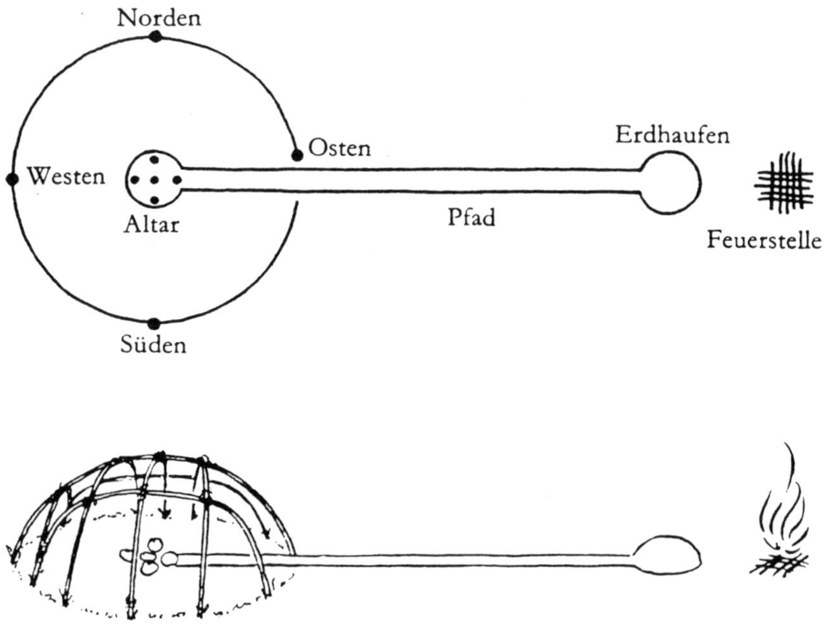

Abb. 76: Reinigungshütte der Sioux-Indianer

Abb. 77: indianische Friedenspfeife

Der Mensch lebt immer in Kreisen, im Freundes- und Familienkreis, sein Leben zieht eine Bahn vom Mutterschoß zum Urschoß der Erde (die gekrümmte Embryonalhaltung wurde über Jahrtausende als typische Bestattungsform benutzt), er verwendet symbolisch Kreise (Freundschafts-, Verlobungs-, Würden- und Siegelringe), und ihm werden (jedenfalls bei heutigen christlichen Begräbnissen) Trauerkränze aufs Grab gelegt, die allein schon durch ihre Form vom ewigen Kreislauf künden. Des weiteren weist ja auch die Symbolik des Heiligenscheins auf die Ganzheit allen Seins hin. Eine Auswahl allgemein verständlicher Symbolzeichen, die heute als Piktogramme Verwendung finden, mag das soeben Gesagte anschaulich verdeutlichen:

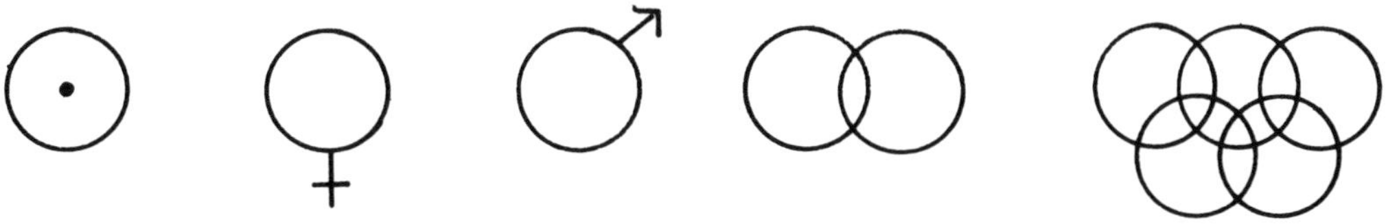

Abb. 78: verschiedene Kreis-Piktogramme

Im *Weltbild unserer Vorfahren* wird diese Erfahrung in Zehntausenden von Felsbildern, Symbolzeichen, Steinkreisen (Chromlechs, Tagorors), Rundtempeln, Grabtumuli usw. reproduziert.
Wohl nie hat der Mensch die Erde als Kugel und selten als flache Scheibe erlebt – dies sind abstrakte Vorstellungsmodelle. Konkret stellt sich die Erde als mehr oder weniger geschwungener Hügel dar, als Wohninsel im Weltenmeer, von Himmel und Meer (dem Blau des Wassers bzw. dem Grün des Waldes, dem Gelb der Steppe, der Wüste) umgeben. Das archetypische Urbild der Erde ist also ein Hügel, ein Berg. Hügel und Berge waren, als Abbild der Erde (vgl. hierzu die frühreligiösen Vorstellungen des »Urhügels« z.B. bei den Ägyptern), heilige »Plätze der Macht«, und in stark ikonisierten Kulthandlungen wurde dieses Abbild immer wieder neu erschaffen: z.B. als Tumulus (Grabhügel). Die erste Urform stellt sich uns also so dar:

Abb. 79: Seitenansicht

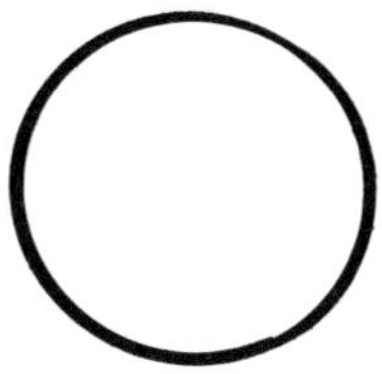

Abb. 80: von oben

In das Kreis-Hügel-System war auch der Himmel mit einbezogen: auf der obersten Spitze des Hügels war man dem Himmel am nächsten. Also wurde diese Stelle markiert (und wird es immer noch: geodätische Meßpunkte, Gipfelkreuze usw.), z.B. durch einen aufragenden Stein (Menhir), einen Baumstamm (Weltbaum), eine Säule (Weltsäule) oder eine natürlich vorhandene Bergspitze (Weltberg).

Abb. 81

Nun ragt die Symbolik bereits in den Himmel hinein, die Weltsäule, der Weltbaum (der Schamanen) stützte den Himmel und wies eventuell auf bestimmte, mit bloßem Auge erkennbare Visierpunkte am Himmel (z.B. den Polarstern des kleinen Bären).

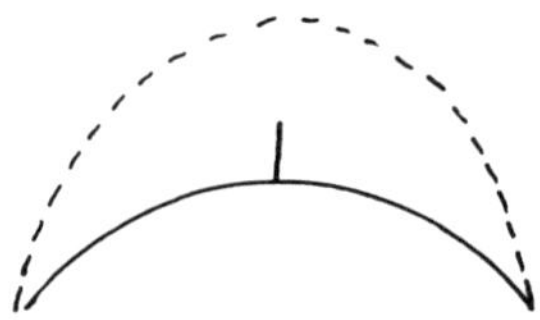

Abb. 82

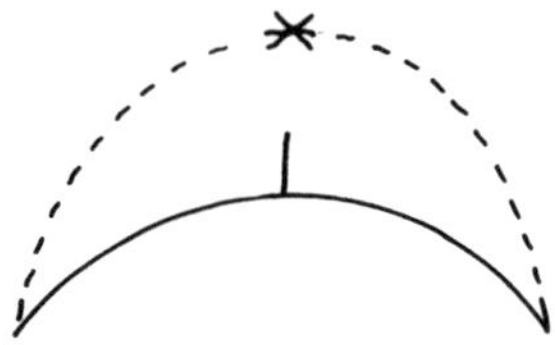

Abb. 83

Zugleich wurde die Weltsäule für die Berechnung des Sonnenstandes (z.B. Sonnenwenden) nutzbar – als Gnomon (schattenwerfender Stab, Zeiger) und Weltachse (die Himmelsrichtungen bestimmend). Aus der Kombination der Urbilder Hügel, Kreis und Säule entstanden die erste Uhr und der erste Kalender. Teilt sich der Kreis durch den wandernden Schatten in einzelne Segmentzonen, so entstehen Stunden. Später fanden auch die Tierkreiszeichen Eingang in diese Unterteilung.

Abb. 84

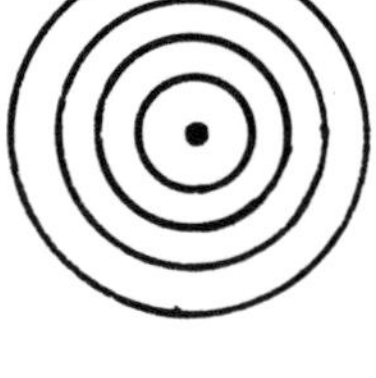

Abb. 85

Zugleich erwächst eine Hierarchie des Kreises durch die natürlichen bzw. als Wälle und Gräben künstlich angelegten zusätzlichen Umschließungskreise. Die Kreise gruppieren sich um das Zentrum herum, das Zentrum »strahlt aus«.

»Manchmal wird der Punkt von mehreren konzentrischen Kreisen umgeben, die die verschiedenen Grade

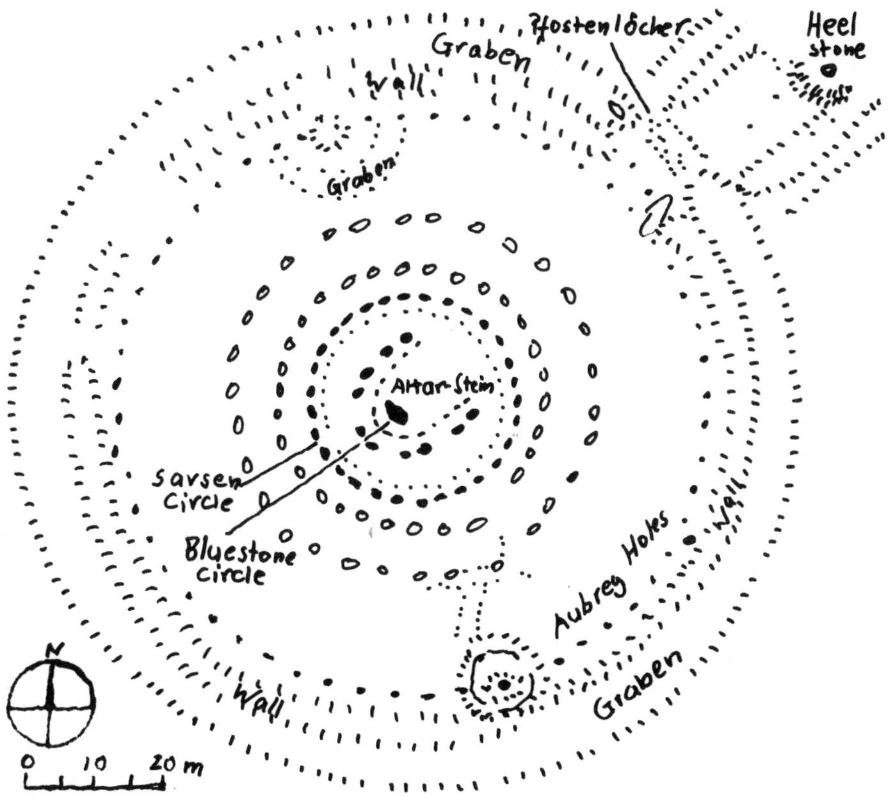

Abb. 86: Stonehenge, rekonstruierter Grundriß der letzten Bauphase

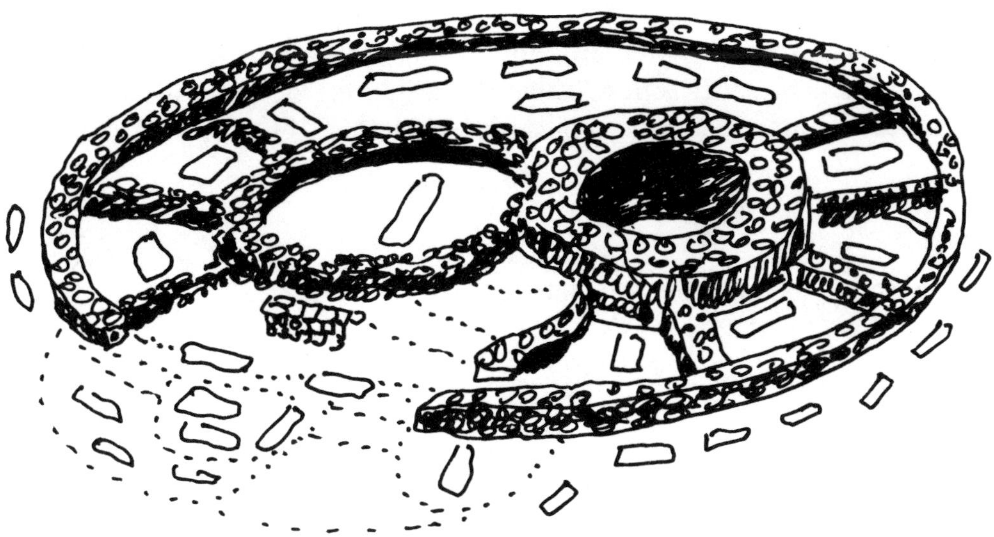

Abb. 87: Großtumulus La Guancha bei Galdar, Gran Canaria, rekonstruierte Grundrißzeichnung

der manifestierten Existenz darzustellen scheinen, wobei sie sich hierarchisch ihrer mehr oder weniger großen Entfernung vom Urzentrum anordnen.« (R. Guenon)
Konzentrische Kreise tauchen in der Bildersprache des Menschen bereits in frühester Zeit und in erstaunlich weit voneinander gelegenen Zonen auf (z. B. im westeuropäischen Megalithikum, in Nordafrika, Südamerika, Japan und auf den sogenannten »Sonnensteinen« bzw. -scheiben Nord- und Süddeutschlands, der Alpen usw.).

Abb. 88

Ausgehend vom archetypischen Urbild der konzentrischen Kreise, gelangen wir schließlich zu verwandten Formen, die – bei Beibehaltung der ursprünglichen Grundidee – zusätzliche Bedeutungsinhalte transportieren, z. B. das »Energiezeichen« Spirale: In Serpentinen nähert man sich dem Heiligtum und lädt sich während des Weges systematisch mit Kraft auf.

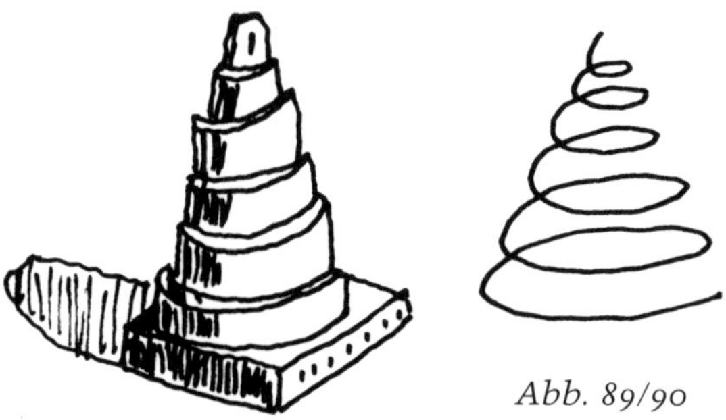

Abb. 89/90

Solche spiralförmigen Felsbilder finden wir in Irland, in der Bretagne, auf den Kanarischen Inseln, auf Malta und Gozo sowie noch auf Kreta. Als »Welthügel« geformt auch in der Architektur bei den sogenannten »Himmelssäulen« (Zikkuraten) im alten Sumer (Südbabylonien). Verwandte Formen sind die sich berührenden konzentrischen Kreise, die andeuten mögen, daß es mehrere, dicht beieinander gelagerte »Plätze der «Macht« gibt.

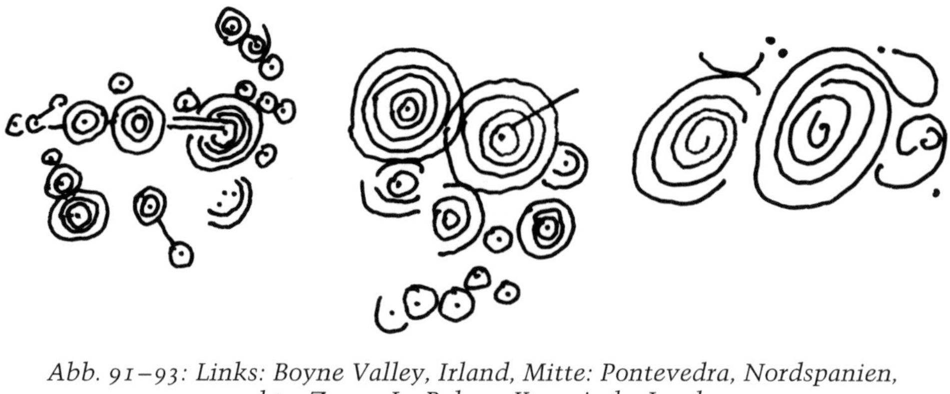

Abb. 91–93: Links: Boyne Valley, Irland, Mitte: Pontevedra, Nordspanien, rechts: Zarza, La Palma, Kanarische Inseln

Bzw. die Doppelkreise oder Doppelspiralen, die durch ihre Ähnlichkeit mit einem Augenpaar (Urmutter-Symbol!) etwas Mahnendes, Bannendes bekommen.

Abb. 94–96: New Grange, Irland, Mitte: Malta, rechts: El Paso, La Palma, Kanarische Inseln

Abb. 97

Ursächlich mit dem Zentrumsgedanken verknüpft ist auch das Labyrinth, das sowohl im östlichen wie westlichen Mittelmeerraum, im Norden und auf den Kanarischen Inseln vorkommt: Der Weg ins »Herz« des Allerheiligsten ist schwierig und nur von Eingeweihten erreichbar.

Das »Radkreuz« (ein immer wieder vorkommendes steinzeitliches Sinnzeichen) veranschaulicht die Durchdringung des Weltkreises gemäß den Himmelsrichtungen.

Als symbolisierte Darstellung reicht auch die verkürzte Form, wie sie später vom Christentum übernommen wurde.

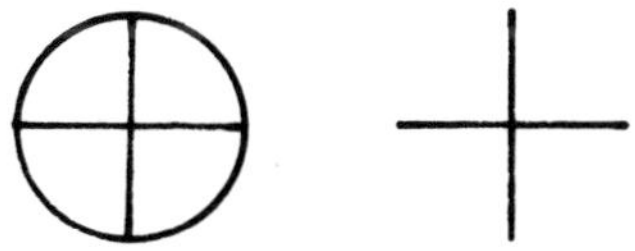

Abb. 98

Oder die im Kopf addierbare Form (z.B. bei Schalensteinen im Alpenraum). Auch in Sumer wurde die »heilige Fünfheit« bereits dargestellt, wie auf dem mystischen Brettspiel von Ur, das aus dem Jahre 2.500 v. Chr. stammt.

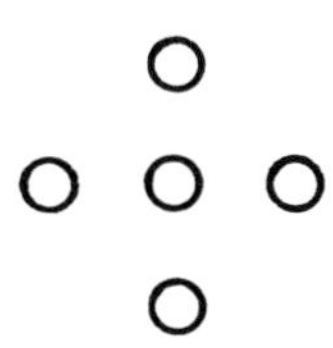

Abb. 99

In unseren Tagen erlebt der Kreis eine erstaunliche Renaissance: Wir wissen, daß das Sitzen im Kreis (wie bei der Steinzeithorde so auch bei König Arthus' Tafelrunde) die Kommunikation fördert, das Gemeinschaftsgefühl stärkt und – daß gewisse Polaritäten abgebaut werden. Vielleicht haben daran die Architekten des neuen Bonner Bundestages gedacht, als sie den großen Plenarsaal und die Sitzungssäle der Fraktionen im Rund konzipierten. Vielleicht ist es aber auch »nur« die Anziehungs- und Ausstrahlungskraft des »magischen Kreises«, der über so erstaunlich große Zeiträume hinweg sein Recht fordert...

In der *Symbolik* wird der Kreis als universelles Symbol verstanden. Er repräsentiert die Ganzheit, Totalität, Vollkommenheit, das in sich geschlossene Selbst, das Unendliche und ewig Wirksame. Das Symbol ist äußerst komplex und vereinigt Widersprüche in sich: zum einen ist die den Raum umschließende Zeit gemeint, zum anderen aber auch Raumlosigkeit (es gibt kein oben und unten) bzw. das Nichtvorhandensein von Zeit (es gibt keinen Anfang und kein Ende), zum dritten den Gedanken an ewige Wiederkehr.

Wir finden hier ebenso die Symbolform für die himmlische Einheit, für Gott. Der große Mystiker Hermes Trismegistos schrieb: »Gott ist ein Kreis, dessen Zentrum überall und dessen Umfang nirgends ist.« Der Kreis mit einem Punkt in der Mitte drückt die Vollendung eines kompletten Zyklus aus und ist das Symbol aller (männlich vorgestellten) Sonnengötter. Noch heute wird dieses Piktogramm bei uns als Sonnenzeichen verstanden.

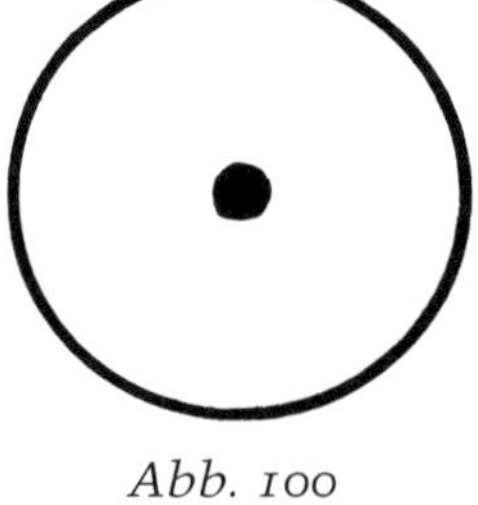

Abb. 100

Sobald der Kreis aber von weiteren Kreisen konzentrisch umgeben ist (Wellenringe), dominieren die weiblich-linearen Aspekte: Geburt, Wachstum und Ausbreitung, zyklische Wiedergeburt bzw. die drei Mondphasen, die drei Seinsebenen Vergangenheit, Gegenwart, Zukunft, die drei Welten Erde, Himmel und Hölle, die drei Sphären Erde, Wasser, Luft und anderes mehr. Der Kreis ist die Grundform des astrologischen Systems, das zumeist mit neun Kreisbahnen (rechnerisch wieder von den Mondphasen abgeleitet!) um das Zentrum (das Herz der Dinge) herum dargestellt wird. Ursächlich besteht auch ein Zusammenhang mit der *Höhle*, dem Symbol des Universums, des Weltzentrums, des Herzens. Die Höhle ist in der Symbolsprache ein Ort, an dem sich das Ich und das Selbst vereinigen, und steht daher auch in enger Verbindung zu der Idee vom Welt-Ei, d.h. der ewig stattfindenden Geburt. Nahezu alle Religionen der Erde kennen die Nutzung von Höhlen zu Initiationszeremonien. Meist gelten diese Höhlen als geheimer, nur Eingeweihten zugänglicher Ort, der sich dem Nichteingeweihten versperrt – durch Labyrinthe, in denen er sich verirrt, durch schreckliche Wächter (Dämonen, Ungeheuer, Drachen, Riesen usw.). So wird aus der Höhle die Hölle, deren Eingang von Höllenhunden bewacht wird (Pluto, Cerberus, Anubis usw.). Hierzu sei auf den etymologischen Bedeutungszusammenhang der Worte Höhle, Hölle, Hel und Frau Holle hingewiesen!

Die *Initiationsriten* dienten übrigens immer dem gleichen Zweck: den Menschen aus seinem gewohnten Lebenskreis zu reißen, ihn symbolisch sterben zu lassen (der todesähnliche, oft durch Drogen verstärkte Schlaf in der Höhle mit anschließender Traumdeutung spielte eine große Rolle; ohnehin galt der Schlaf als der »kleine Bruder des Todes«) und ihn danach als einen in die Geheimnisse Eingeweihten wieder zum Ausgang zu führen (zum Licht, zur Erleuchtung, zur Wiedergeburt).

In der *religiösen Symbolik* erfüllt der Kreis sowohl als Darstellung als auch in der Architektur bedeutsame kommunikative Botschaftsübermittlung: Im *Schamanismus* der Steinzeitmenschen galt er als Kraftpol sowohl für den Einzelnen als auch die Gruppe, wobei die sorgfältige Errichtung des Kreises aus Steinen, Blüten bzw. Farbpigmenten zur energetischen Aufladung des Platzes für die nachfolgenden magischen Handlungen in ihm und aus ihm heraus von äußerster Wichtigkeit war. Den steinernen Rundtempeln der *Megalithkultur* (Stonehenge, Malta usw.) gingen solche aus Erdwällen und Holzkonstruktionen (Woodhenges) voraus. Sie galten als Zentrum der überschaubaren Welt, als lebendiger Mittelpunkt jeglicher Gemeinschaft. Im *Christentum* symbolisiert der Kreis Gott bzw. die Gesamtkirche. Mittelalterliche Siedlungen wurden oft um den Dom herum in Kreisform angelegt und von einem Erdwall bzw. von steinernen Befestigungsanlagen geschützt. Die auf Karten bzw. aus der Luft gut erkennbaren Stadtkerne unterstreichen in ihrer Uterusform deutlich den Gedanken der »Mutter Kirche«, aus der alles Schöpferische hervorgeht. Bei den *Griechen* wurde der Kreis um das Welt-Ei herum Chronos (Zeit) genannt. Pythagoras nannte den Kreis »die Seele des Alls«. Die *Ägypter* stellten mit dem geflügelten Kreis die aufgehende Sonne (Re) und damit die Wiedergeburt dar. Bei den Chinesen symbolisierte der Kreis das Himmelsgewölbe (im Gegensatz zum Quadrat der Erde). Im *Buddhismus* ist der Kreis das »Rad des Schicksals«: auf der Kreisbahn manifestieren sich alle Existenzen, die acht Speichen (Wege) führen zur Nabe im Zentrum, zur Alleinheit mit Atman. Im *Zen-Buddhismus* symbolisiert ein leerer Kreis die Erleuchtung. »Samsara« bedeutet den Kreislauf der Wiedergeburten, das Leben, das sich in den unterschiedlichsten Erscheinungsformen immer wieder manifestiert. Es gibt auch sehr komplizierte Vorstellungsbilder (Mandalas), bei denen das Zentrum nicht die Erlösung durch das Aufgehen in Atman bedeutet, sondern besetzt ist von den sogenannten »Drei geistlosen Geschöpfen« – dem Schwein der Habgier und des Nichtwissens, dem Hahn der Fleischeslust und der Schlange des Zorns –, den Attributen, die den Menschen in der eingebildeten Welt der Illusionen (Maya) festhalten.

Abb. 101: Das buddhistische Rad des Schicksals

Im *Taoismus* ist der Kreis mit dem Punkt im Zentrum die höchste Macht, das Tao, die »Perle der innewohnenden Möglichkeiten«. Im *Islam* bedeutet der Kreis das göttliche Licht des Himmelsgewölbes. Von zentraler Wichtigkeit ist daher die Kuppel in der Moschee. Die *Astrologie* und die *Alchimie* (Abb. 102) verstehen den Kreis mit Mittelpunkt als Sonnensymbol, die Sonne gibt ihm zusätzlich die Bedeutung von Gold. Als *Zahlensymbolik* wird dem Kreis die 10 zugerechnet: 10 = 1 + 9, d.h. 1 für das Zentrum und 9 für den Umfang (auch hier wieder die Mondzykluszahl 9!).
Wie wir sehen, bestehen mannigfaltige Bezüge zwischen Kreis, Scheibe, Rad, Kugel, Höhle, Labyrinth, Wellenkreisen, Spirale und Kreuz, auf die in nachfolgenden Abschnitten noch näher eingegangen werden soll.
Zuvor aber soll noch einmal – damit der Kreis sich schließt – auf die *moderne Erkenntnistheorie* rückgekoppelt werden. Wie Sie wissen,

Abb. 102: Alchimistische Symboldarstellung

besitzt der Mensch zwei völlig unterschiedlich strukturierte und organisierte Gehirnhälften, denen polar entgegengesetzte Aufgaben zukommen und aus deren jeweiliger Dominanz auch extrem voneinander abweichende Weltsichten (Paradigmen) entstehen: Die rechte Hirnhemisphäre nimmt die Welt mit all ihren Erscheinungsformen analog und ganzheitlich wahr, es gibt in ihr keine Ursache und Wirkung, keine lineare Abfolge, keine Zeit. Sie stimmt sich emotional auf das Vorhandene ein, schwingt wie ein Resonanzkörper mit und ist stark mit dem sogenannten »limbischen System«, in dem menschheitsgeschichtlich unsere ältesten Erfahrungen und Programmierungen gespeichert sind, verbunden. So hat sie direkten Zugang zum Archetypischen, zum Traum, zu den Gefühlen, zur Kreativität. Der rechte Teil unseres Gehirns ist der sensible, schöpferische Teil, aus dem – wie der Urmensch – heute noch Kinder, Künstler, spirituell und medial veranlagte Menschen ihre Visionen beziehen. Man kann davon ausgehen, daß unsere Urahnen in schriftloser Vorzeit so determiniert die Welt um sich herum, mit der sie noch untrennbar als Einheit verbunden waren (man denke an die christliche Paradiesvorstellung), erfuhren. Demgegenüber steht die linke Gehirnhälfte, die sich als »werktätige Hemisphäre« aufgrund der mit ihr schnell erreichbaren und nachrechenbaren Erfolge allmählich herausbildete (Bicameral Mind) – bis zur heutigen technologieeuphorischen Dominanz. Mit ihr, die digital, analytisch, also das Einzelne aus dem Zusammenhang heraussezierend betrachtet, läßt sich unterteilen und rechnen, klassifizieren und abstrahieren. Hier sitzt das Sprachzentrum (das sogenannte Brocasche bzw. Wernecksche Zentrum) – Sprache ist immer abstrakt, eine distanzschaffende, symbolische, keine direkte Kommunikation wie etwa Musik, Geschmack, Geruch oder ein Bild. Logischerweise arbeitet diese linke Hemisphäre linear nach dem Prinzip einer fortschreitenden Abfolge sich zusammenfügender Einzelheiten, kennt also die Zeit, ist (wenn wir es positiv ausdrücken) äußerst erfolgreich im Konstruieren, zugleich aber auch (negativ ausgedrückt) vernarrt in die Faszination der Details, was keine Gesamtschau zuläßt. Wenn auch in der heute herrschenden Weltsicht (sowohl die Gesellschaft als auch das Individuum betreffend) ein eindeutiges Übergewicht zugunsten der linken Hirnhemisphäre besteht, so ist die natürliche biologische Veranlagung des Menschen doch die, ein mehr oder weniger gut funktionierendes Wechselspiel zwischen beiden Gehirnhälften herzustellen. Dies geschieht durch den sogenannten »Balken« (Corpus callosum), allerdings zumeist so flüchtig und unbewußt, daß es a) vorschnell zu einer heute zumeist linkshemisphärisch dominier-

ten Überbeanspruchung, b) selten zum harmonischen Wirkungsausgleich beider Gehirnhälften und c) fast nie zur kreativen Nutzung gerade dieses Floating-Zustandes kommt, wie es gerade angesichts vernetzter Problemstellungen erforderlich und synergetisch wirksamer Lösungsmöglichkeiten machbar wäre (siehe hierzu: Braem, Harald: Brainfloating, und die Literaturempfehlung am Ende des Buches).
Unter Berücksichtigung dieser Faktoren läßt sich behaupten, daß der Kreis natürlich und ursächlich Bezüge zur rechten Hirnhemisphäre aufweist, analog dazu dem ganzheitlichen Weltbild entspricht, während die digitale Linie als Verbindung zweier Punkte, der daraus sich entwickelnde rechte Winkel, das Quadrat und andere konstruierbare Formen viel eher der linken Gehirnhälfte entsprechen. Die Natur kennt kein Lineal. Und

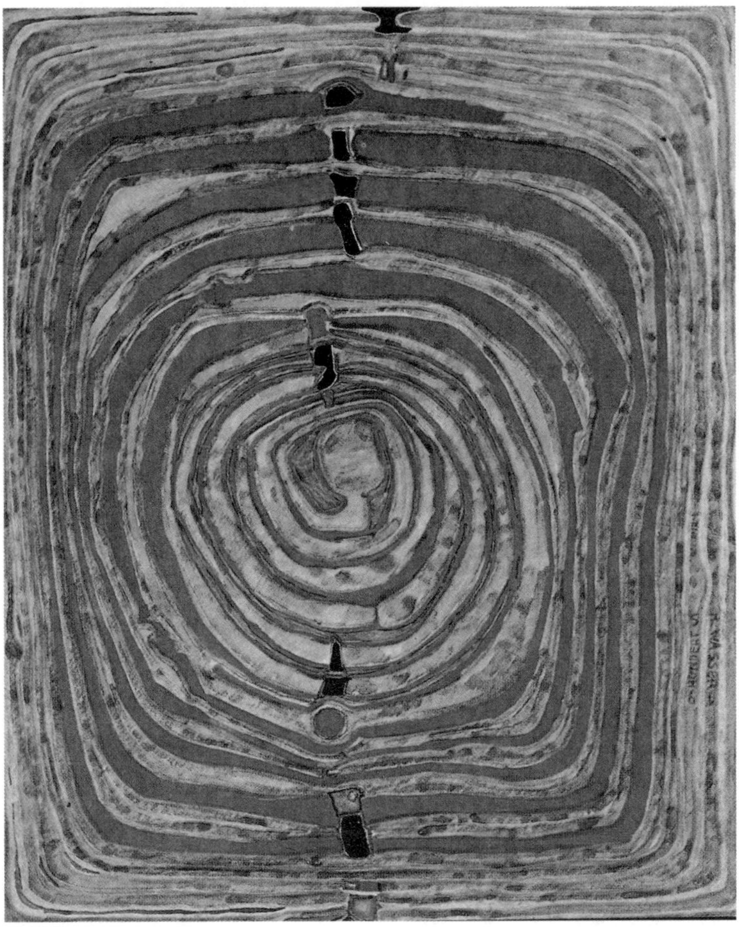

Abb. 103: Gemälde von Friedensreich Hundertwasser

der »schamanische« Maler, Architekt und Designer Friedensreich Hundertwasser drückt diesen Sachverhalt noch wesentlich radikaler aus, wenn er sagt: »die gerade Linie ist gottlos«. Seinen Gedankengängen zufolge ist der Mensch als Ebenbild Gottes immer auch zutiefst selbst ein Schöpfer. »Jeder Idiot« aber könne einen geraden Strich am Lineal nachzeichnen, deshalb sei die gerade Linie »die unkreativste aller Möglichkeiten überhaupt«. Konsequenterweise findet sich in Hundertwassers Werk an keiner Stelle eine Gerade oder ein rechter Winkel, dafür aber um so mehr Kreise, Wellenkreise, Labyrinthe und Spiralen.
Keine Linie, keine Verbindung zwischen zwei Punkten? Nehmen wir uns zur Veranschaulichung ein Felsbild mit magischer Bedeutung vor. Es stellt einen Schamanen dar, aus dessen Zentrum eine Kraftlinie zu einer anderen Person führt (Abb. 104). Auch hier haben wir die Verbindung zweier Punkte (Bedeutungsinseln), aber nie ist die Linie dazwischen gerade, sondern immer, den Beginn einer Kreisbahn andeutend, gebogen, was dem damaligen Weltbild von »Leben« oder »Belebung« entspricht. Wenn im Felsbild oder in der Höhlenmalerei irgendwo eine relativ gerade Linie auftaucht, so wird (sogar vom heutigen Betrachter) sofort »Pfeil«, »Lanze« und »Tod« assoziiert (Abb. 105).

Abb. 104: Felsritzung, Karelien, UdSSR

Abb. 105: Schamanen-Szene, Lascaux, Frankreich

Wem dies an dieser Stelle zu spitzfindig erscheint, der möge beruhigt zur Kenntnis nehmen, daß uns Schwarz-Weiß-Malerei, einseitige Bezugnahme zugunsten irgendeines Weltbildes fernliegen, wir aber bewußt solche Beispiele herausgreifen müssen, um die tiefe Wesensart einer Form in seiner ganzen Tragweite verdeutlichen zu können. Haben Sie übrigens schon einmal einen Fotoapparat, eine Filmkamera mit viereckiger Linse gesehen? Wenden wir uns zunächst (bevor gerade Linien, rechter Winkel und auch das Quadrat im entsprechenden Kapitel die ihnen angemessene Aufmerksamkeit erfahren) aber noch den dem Kreis zugehörigen und noch mit ihm verwandten Formen zu.

Kugel, Ei, Yin-Yang

Schließt sich die Linie zum Kreis, wird daraus, flächig betrachtet, eine Scheibe und im dreidimensionalen Raum das Ei bzw. die Kugel. In der *Symbolik* (archetypisch weltweit verbreitet) steht das *Ei* für die Schöpfung. Es ist das Lebensprinzip, die Urwelt des Chaos, in der – ungeordnet zwar noch, aber ständig präsent – alle Möglichkeiten der sich entfaltenden Form enthalten sind. Das Ei verkörperte in den Religionen der Antike entweder die Sonne selbst oder zumindest ihren Geburtsort. Es ist das Gefäß, aus dem heraus das Leben entsteht. Dadurch wird es nicht nur zum Symbol für Geburt, sondern auch für Auferstehung und Hoffnung. Der Brauch, zu Ostern Eier zu verstekken, leitet sich von dieser Vorstellung ab, die wesentlich älter ist als z.B. das Christentum: Die nordische Göttin Ostara (auch Oestra oder Eostren, nach ihr ist Ostern benannt) bewirkte die Wiedergeburt und Erneuerung des Lebens zur Frühlings-Tagundnachtgleiche. Das Osterei und der Osterhase (ihr Gehilfe), das Osterfeuer und das heil- und segenspendende Osterwasser sind untrennbar mit ihrem Kult verbunden. Erstaunliche Parallelen dazu finden wir übrigens im alten Ägypten, wo Osterei und Hase in vielen religiösen Abbildungen dargestellt wurden.

Abb. 106: Ägyptische Darstellung: Gott Ptah mit dem Welt-Ei

Über die Herkunft des Eis gibt es unterschiedliche Vorstellungsmuster.

Bei den Griechen, Alt-Persern, Phöniziern, Chinesen, den Indianern Mittelamerikas, den Finnen und Alt-Skandinaviern, selbst auf den Fidschi-Inseln ist das Welt-Ei ursprünglich schon da und läßt aus sich heraus den Kosmos entstehen. In anderen Kulturen wird das Ei von einem göttlichen Vogel gelegt: einer Nil-Gans im alten Ägypten, bei den keltischen Druiden war es ein Schlangenei, die Hindus glauben, daß ein großer Vogel das Welten-Ei auf die Urwasser legte – aus ihm stieg Brahma und schuf durch Teilung die Welt.

Wir sehen, daß hier die uralte Menschheitsfrage – was war zuerst da: Huhn oder Ei – zugrunde liegt.

Ähnlich wird die *Symbolik der Kugel* verstanden: Sie ist die Urform, die die Latenz für alle anderen Formen enthält, die Gesamtheit der Welt, des Raumes und der Zeit, ein Abbild des vollendeten Himmels. Häufig (wie im Islam) stellt die Kugel das uranfängliche Licht dar und gilt als Symbol für den Geist. In der Alchimie verkörpert die gekrönte Kugel den »Stein der Weisen«, den »großen König des Geistes«. Im weltlichen Sinne wird die gekrönte Kugel in der Hand eines Herrschers zum »Reichsapfel«, zur Insignie seiner Macht über die Erde. Das Christentum setzt die vom Kreuz gekrönte Kugel als Sinnbild für die Herrschaft Christi über die Welt ein. Die Gestaltform Kugel kann also sowohl Himmel als auch Erde oder Geist bedeuten. Im asiatischen Raum wird die Kugel zumeist als Perle aufgefaßt. Im Buddhismus ist sie das Herz Buddhas oder das sogenannte »dritte Auge«. Bei den Chinesen bedeutet die Perle Unsterblichkeit. Ewiges Leben und Wiedergeburt verkörpert die Perle auch in vielen anderen Religionen.

Immer ist sie dabei dem weiblich-linearen Prinzip (Yin) der großen Mutter zugeordnet, sie ist der Geist des Mondes und des »großen Wassers«. Mythen erzählen von der Entstehung der Perle: Ein Blitz schlug in die Auster, wobei sich das polare Prinzip von Feuer und Wasser zu etwas Neuem, Unsterblichem vereinigte. In der christlichen Vorstellung wird die Perle zum Zeichen für jungfräuliche Geburt, Reinheit und Taufe, wobei sich diese Ideen (wie viele andere auch: Paradies, Sintflut usw.) von altsumerischen Mythen ableiten. In Mesopotamien galt die Perle als schöpferische Gestaltkraft des Wassers.

Das chinesische *Yin-Yang* stellt das vollkommene Gleichgewicht der polaren Kräfte im Universum dar, die im kreativen Wechselspiel miteinander begriffen sind: jedes birgt in sich bereits den Keim des anderen. Die dunkle Hälfte verkörpert das Yin-Prinzip, das Weibliche, Feuchte, weiche Passive, Instinkt und Intuition, die Nacht, unten, das Negative,

die Seele, Erde, Wasser, Mond, die Farbe Schwarz. In der Zeichenform (interessanterweise eine binäre Codierung!) wird das Yin durch eine unterbrochene Linie --- dargestellt. Die helle Hälfte steht für das Yang-Prinzip, das Männliche, Trockene, Harte, Aktive, Geist und Ratio, den Tag, oben, das Positive, Himmel, Sonne. Als Zeichenform wird das Yang durch eine durchgehende Linie dargestellt.
Wie das Yin-Yang-Symbol mit seiner Bewegung und gegenseitigen Durchdringung bereits andeutet, gibt es nichts ausschließlich Männliches oder Weibliches, dafür aber die Möglichkeit fortwährender Wandlung und Beeinflussung. Das Yin-Yang-Symbol deutet also auf einen ursprünglich androgynen Zustand der Schöpfung hin, auf Gleichgewicht und Harmonie in allen Erscheinungsformen der Natur. Harmonie wird hier nicht als reg- und spannungslos betrachtet, im Gegenteil: erst der Dualismus in der Welt, die beiden großen Kräfte, die nicht Gegner, sondern Partner sind, schaffen die Spannung, um alles in Bewegung und Veränderung zu halten.

Abb. 107–109: Links: Yin-Yang-Symbol, Mitte: eine Zeichenform beim I-Ging, Rechts: kalligrafische Form des gleichen Zeichens

Hufeisen, Hörner, Mondsichel

Wer kennt nicht das Hufeisen als Glückssymbol über der Haustür oder am Kühlergrill eines Pkw's? Der Volksbrauch nennt zunächst seine Handhabung – die Öffnung der U-Form muß nach oben weisen, wenn es als Talisman wirksam sein soll, das Glück fällt vom Himmel in das Gefäß und wird für den Besitzer auf diese Weise bewahrt. Der nächste Gedanke richtet sich auf den Träger des Eisens, das Pferd. Pferde galten in unserem Kulturkreis, besonders bei den Germanen und Kelten, aber auch in anderen Teilen der Erde, als heilige Tiere und genossen zum Teil religiöse Verehrung, woher z.B. in Deutschland noch immer die Abneigung stammt, ihr Fleisch zu verzehren. In der griechischen Mythologie galt der Olymp (genauer: die Landschaft Pirien am Nordfluß des Olymps, der Berg Helikon, später Parnaß) als Sitz der Urmutter Mnemosyne (Gedächtnis) und ihrer Töchter, der neun (!) Musen. Von dort aus sandten sie *Pegasos*, das geflügelte Musenroß, zu den Menschen, die ihrer Hilfe bedurften.

Abb. 110

Pegasos, eigentlich ein Sternbild des nördlichen Himmels, entspringt einer vom alten Orient beeinflußten Vorstellung. Im Laufe der Zeit wurde dieses Flügelpferd immer stärker zum Dichter-Roß, bis es eine ausschließlich den Poeten zugedachte Stellung einnahm. Auf ihm ritten – zumindest in Traumvisionen – die Dichter aller Zeiten in jene entrückten musischen Gefilde, um an der Quelle aller Wissenschaft und Kunst von den Töchtern Mnemosynes den inspirierenden Musenkuß zu bekommen.
Der britische Wissenschaftler, Lyriker und Essayist Robert von Ranke-Graves schrieb 1948 in seinem Buch »Die weiße Göttin. Sprache des Mythos«: »Die Funktion von Dichtung ist die religiöse Anrufung der Muse«. Seiner Meinung nach handelt es sich bei den Musen um Priesterinnen eines geheimnisvollen Pferdekultes. Das Wort »Pegasos« bedeutet »von den Wasserquellen« und weist auf eine heilige Quelle und Kultstätte hin. Quellen und Pferde standen in der Mythologie der frühen Völker in engem Zusammenhang (vgl. hierzu die Kentauren – Wesen, die halb

Mensch, halb Pferd waren, die Pferdegottheiten der Sachsen und gallischen Kelten, Poseidons heilige Rösser und unzählige Sagen, die von übernatürlichen Pferden und ihren heldenhaften Bezwingern berichten). Von Ranke-Graves äußert die Vermutung, das Scheidenexkremente und andere bestimmte Teile von Pferden im Kult als Rauschmittel zur Ekstase und als Aphrodisiaka benutzt wurden.

Darüber hinaus wird beim Hufeisen aber auch die assoziative Nähe zu Hörnern und zum Halbmond deutlich, der Symbolik aller Mondgöttinnen. Das Hufeisen wird dadurch zum dämonenabwehrenden Talisman, zum Yoni.

Hörner verkörpern übernatürliche Kräfte und gelten sowohl als männliches wie auch weibliches Symbolzeichen. Die Verwandtschaft in der Bildsprache zur Mondsichel liegt nahe und weist auf frühe matrilineare Strukturen hin. In der ägyptischen Mythologie wird die heilige Mutter und Himmelsgöttin Hathor mit Kuhhörnern, zwischen denen die Sonnenscheibe ruht, dargestellt. Der Apis-Stier und der Ammon-Widder, beides hörnertragende Tiere mit allegorischer Bedeutung, genossen kultische Verehrung, wurden häufig mumifiziert und wie Pharaonen mit großer Sorgfalt beigesetzt.

In jungsteinzeitlichen Felsritzungen und besonders im nordischen Kulturkreis symbolisieren Hörnerdarstellungen dagegen vorrangig das gestaltende Lebensprinzip, männliche Zeugungskraft, Macht, Stärke und kriegerische Königswürde. Hörner als Kopfschmuck des Schamanen und des indianischen Kriegers und der Hörnerhelm verleihen dem Träger weitreichende Macht. Naturgotthei-

Abb. 111: Tarot-Karte (Rider-Tarot, P. C. Smith)

ten (Pan, Dionysos, Cernunnos) wurden gehörnt dargestellt, ebenso die frühen sumero-semitischen Götter Anu, Bel, Enki und Ea.
Die lebensspendende und -erhaltende Kraft des Gehörns findet sich auch in der Allegorie vom Füllhorn wieder. Bis ins Mittelalter hinein galt das Pulver zerriebener Nashörner als Aphrodisiakum, und das Märchen vom Einhorn spiegelt (wenn auch verschlüsselt) antike Vorstellungen vom Horn als Kraftspender wider. Die christliche Umdeutung der Teufelshörner zu einem Zeichen des Bösen hat viel mit dem damals herrschenden Paradigma zu tun: der »Verteufelung« aller Fleicheslust. Aus dieser Denkrichtung stammt auch das Bild des »gehörnten Ehemanns«, das im mittelalterlichen England als Bild der Schande und des Betruges aufkam (»jemandem die Hörner aufsetzen«).

Spirale

Eine uralte, weltweit verbreitete Formgestalt von tiefer symbolischer Bedeutung. In Felsbilder geritzte Spiralen sind bereits aus der Steinzeit bekannt. Die alten Hochkulturen schrieben der Spirale komplexe Bedeutungsinhalte zu, die stets Polaritäten verkörpern: Sonne und Mond, Geburt und Tod, Energie, die sich unendlich ausdehnt oder auf einen Punkt konzentriert zusammenzieht, je nachdem, ob man die Spirale von außen nach innen oder von innen nach außen anlegt und betrachtet. Sie kann auf das lebensspendende Wasser einer Quelle, eines Quellheiligtums hinweisen, auf den Lauf der Sonne, die Drehung des Himmelsgewölbes, als Fruchtbarkeitssymbol auf Blitz, Donner, Regen und wirbelnden Wind. Als vereinfachte und zugleich dynamisiertere Zeichnung impliziert sie die konzentrischen Kreise (Wellenringe, s.d.), die für den Zyklus der Naturvorgänge, Wiedergeburt und ewiges Leben stehen.
Auffallend ist auch die Analogie der Doppelspirale zum urmütterlichen Augenmotiv, das als Bannblick galt und häufig am Eingang von Ganggräbern, an Menhiren und den sogenannten Schwellsteinen vor besonders heiligen Räumen in Tempeln der Megalithkultur angebracht ist. Ferner besteht ein Zusammenhang mit dem Irrgarten oder Labyrinth (s.d.). Die Chinesen sehen in der Spirale die Bewegung des aufsteigenden Drachens. Im alteuropäischen Kulturraum bestand ein Sinnzusammenhang zwischen der Spirale und dem Spinnen und Weben der Schicksalgöttinnen.

Abb. 112: Spiraldarstellung aus Mesopotamien

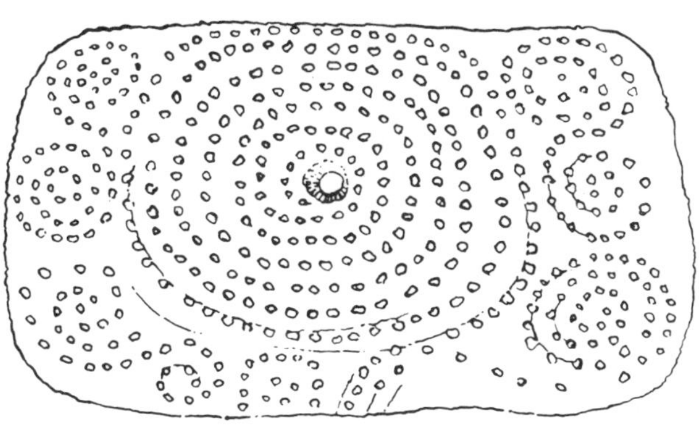

Abb. 113: Spiraldarstellungen in Mammutelfenbein, Malta, Sibirien (möglicherweise eine Art Kalender?)

Abb. 114: spiralförmige Bilderschrift auf dem Diskus von Festus, Kreta (Vorder- und Rückseite)

Da die Spiralform auch in der Natur sehr häufig vorkommt (Schneckenhäuser, Seemuscheln, Tierhörner, Pflanzen, die spiralförmig wachsen, Schlangen, ja selbst unser Haar wächst spiralförmig in Wirbeln von einem Zentrum aus), haben diese Analogien den Menschen wohl schon immer angeregt, sich darüber Gedanken zu machen und die Spirale als schöpferische Urform aufzufassen. Sehr alte Schriften (z. B. der noch immer nicht entschlüsselte Diskus von Festus auf Kreta) sind spiralförmig beidseitig auf Tonscheiben angelegt. Als dekoratives Element wurden schmückende Spiralmuster schon sehr früh und in vielen Teilen der Erde bei Gebrauchsgegenständen eingesetzt. Die Spirale ist ein kulturkreisunabhängiges

Abb. 115: Minarett, Irak, den mesopotamischen Zikkurats nachempfunden

Symbol von archetypischer Qualität, d.h. die Grundbedeutung der Form ist weltweit gleichbleibend, nur die späteren Interpretationen bringen neue Aspekte hinzu. So die Analogie von Yin und Yang bzw. Shakta und Shakti zur Doppelspirale, d.h. die Verkörperung der beiden sich ergänzenden Pole Tag und Nacht, männlich und weiblich usw. Die schlafende, eingerollte Schlange (ind. »Kundalini«) kann ebenso eine bildhaft von der Spirale abgeleitete Symbolform sein wie die Tintenfische mit ihren spiralig eingerollten Tentakeln auf Abbildungen des antiken Kreta oder der »Omphatos«, der »Nabel der Welt«, der als das Zentrum der Spirale vorgestellt wurde – ein kraftspendendes Lebenszentrum.

Die Spirale als Weg stellt eine Art energetischer Aufladung dar: man umkreist den zu erreichenden Punkt (z.B. ein Bergheiligtum) in konzentrischen Ringen und nähert sich dabei allmählich dem Ziel. Viele Kult- und Prozessionswege sind auf diese Weise angelegt. Am deutlichsten verkörpert sich diese Idee bei der sumerisch-babylonischen Zikkurat, einer steinernen Rundpyramide mit spiralförmigem Aufgang: Der Tempel schraubt sich regelrecht in den Himmel hinein. Nicht von ungefähr gilt die architektonische Konstruktion solcher Tempel als höchste Vollendung der Baukunst, man denke nur an den in der Bibel beschriebenen »Turm zu Babel«.

Der Sonnentanz der Indianer und anderer Naturvölker läuft in Spiralform ab. Ebenso tanzen die »tanzenden Derwische« der Sufis, eine mystische Bewegung des Islam, die um das Jahr 700 im Zweistromland südlich von Bagdad aufkam und sich bis Persien ausbreitete, in Spiralbahnen.

Labyrinth

Eine uralte Form, die uns bereits von den Felsritzungen der Steinzeit her bekannt ist. In vielen Variationen taucht sie immer wieder in den verschiedenen Kulturkreisen auf, wobei der tiefere Sinngehalt stets gleichbleibend ist: Es handelt sich um die schwierige und verwirrende Reise des Menschen durch die Welt zum Zentrum allen Seins. Mehr als ein bloßes Verwirrspiel, verkörpert sie die magische Reise zu sich selbst, zum eigenen Ich. Wahrscheinlich standen solche Labyrinthe mit den Initiationsriten in Höhlenheiligtümern in Verbindung. Die alten Ägypter nannten das Labyrinth »Amenti«, den gewundenen Pfad, der die Verstorbenen auf ihrer Reise durch das Jenseits vom Tod zur Auferstehung führt. Das wohl bekannteste Labyrinth ist das der griechischen Sage. Es wird von einem Ungeheuer, dem Minotaurus-Stier (männliches, solares Kraft-Prinzip) bewacht und verkörpert mit seinem dunklen, unterirdischen Weg weiblich-lineare Aspekte. In unzähligen Märchen und Legenden taucht das Labyrinth als Motiv der Lebens- und Sinnsuche auf, wird dabei häufig als versteinerter Wald oder Irrgarten geschildert und steht mit der Suche nach dem Heiligen Gral, dem »verlorenen Wort« bzw. einem großen, unaussprechlichen Geheimnis in Verbindung. In der christlichen Glaubenswelt wird der Charakter des Labyrinths in sein Gegenteil verkehrt: Es ist hier nun nicht mehr der Weg zur Erkenntnis, sondern zur Unwissenheit, die Wege führen irre und haben den Teufel und die Hölle als Zentrum. In Kirchen und Kathedralen wurde diese Symbolik immer wieder eingesetzt und verweist auf die Irrungen und Wirrungen der sündigen Seele auf dem geraden Weg zur Erlösung. Diese Umkehrung der ursprünglichen Bedeutung verleiht einem Hauptgedanken des Christentums Ausdruck: der Erkenntnis, die »Erleuchtung« solle nicht mehr wie bei den früheren heidnischen Religionen innen, d.h. im Zentrum des Menschen selbst, sondern außen durch den erlösenden Heiland gefunden werden. Wenn dennoch Spiralformen auftauchen (und das uralte Glaubensgut früherer Zeiten hält sich lange), dann wird der Weg zur Pilgerreise der Seele in den Himmel, zur Irrfahrt des Sünders durch die Versuchungen der Welt.

Fast immer wird das Labyrinth in Rundform dargestellt. Jedoch gibt es auch eckige Abbildungen wie beispielsweise jene Ritzzeichnungen aus Pompeji.

Abb. 116: Ritzzeichnung aus Pompeji

Als Spiel und knifflige Denksportaufgabe hat das Labyrinth bis heute nichts von seinem Reiz verloren. Irgendwann zeichnet jedes Kind einmal ein Labyrinth und ist fasziniert von der Vorstellung, als einziges Wesen nur etwas vom richtigen Weg zu wissen, während jeder andere sich mühsam vorantasten muß. Ähnlich muß es jenen Schloßherren gegangen sein, die im sechzehnten und siebzehnten Jahrhundert ihre Gärten in Form eines Labyrinths anlegen ließen – der Irrgarten bot den höfischen Gästen beängstigende, genüßliche Abwechslung. Die modernen Varianten (z.B. das »Kings-Play«) sind so ausgetüftelt, daß sie oft nur mit Hilfe eines Computers zu lösen sind.

Grundsätzlich sind zwei Labyrinthformen zu unterscheiden: die eine bietet keinerlei Möglichkeiten, sich zu verirren. Es führt nur ein einziger Weg zum Zentrum, aber es wird dabei die größtmögliche Strecke zurückgelegt. Die andere gibt durch die vielen Wegmöglichkeiten an Kreuzungen, Sackgassen usw. Rätsel auf und soll die Reise ungewiß machen. Jeder, der einmal in einem solchen Irrgarten war, kennt das Gefühl der Beklemmung, das schnell aufkommt, wenn man an einem Punkt angelangt ist, an dem man absolut nicht mehr weiß, wo man ist und wie es nun weitergeht.

Abb. 117: Labyrinthzeichnung der Hopi-Indianer, USA

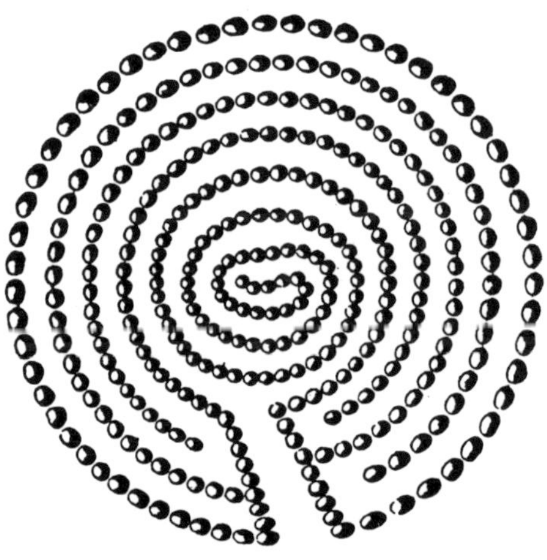

Abb. 118: steinzeitliches Labyrinth aus gelegten Steinen, Finnland

Kreuz

Diese Form, die scheinbar nichts mit dem Kreis zu tun hat, ist dennoch eng mit seiner archetypischen Symbolik verbunden: Das Kreuz ist die Durchdringung des Kreises, die Aufteilung der Ganzheit in vier gleich große Segmente. Die Linien wachsen aus dem Zentrum heraus und stützen wie Speichen eines Rades den Rand. Als Zeichen taucht es sehr früh, bereits in der Steinzeit, und weltweit verbreitet auf, auch wenn seine Darstellung kulturkreisbedingte Modifikationen erfährt. Zunächst hat es mit der Sonne und deren kreisförmiger Umlaufbahn zu tun, darum sind sehr viele Kreuzzeichen vorrangig Sonnensymbole. Der prähistorische Mensch betrachtete den Osten als Ort der Geburt, weil dort das Licht der Sonne beginnt, der Zenit war der Scheitelpunkt über dem Menschen, der »Mittag des Lebens«, der Westen, wo die Sonne versinkt, das Reich der Toten. Von hier aus wandert die Sonne einen für die Lebenden unsichtbaren Kreisbogen durch die nächtliche Unterwelt zurück, um im Osten erneut (und mit ihr die Verstorbenen nach ihrer langen Wanderung durch die Dunkelheit) aufzuerstehen.

Abb. 119–122

Die horizontale Linie verkörpert dabei die (weiblich gedachte) Mittelerde, den Ort des Lebens und der Betrachtung. Die vertikale Linie führt zum höchsten Punkt des Himmels und zum tiefsten der Unterwelt. Der Gnomon, Menhir, Berg, alles, was sich der Sonne entgegenreckt und Schatten wirft, ist daher männlich. Führt man die Bewegung der Sonne weiter aus, so entsteht (je nach Betrachtungsweise, also von Norden oder von Süden aus) die Svastika, das sogenannte Haken- oder Sonnenkreuz, das als uraltes Symbolzeichen in allen Kontinenten vorkommt.

Es ist dabei interessant zu wissen, daß nahezu alle alten Völker den Sonnenuntergang mit dem Tod gleichsetzen und ihre Begräbnisplätze westlich des Wohnorts anlegten. In Ägypten liegen z. B. die Totenstädte am Westufer des Nils. Die Griechen bevorzugten kleinere, vorgelagerte Inseln, weil dies ihrer Vorstellung entsprach, daß die Verstorbenen, vom schweigsamen Fährmann Charon begleitet, »die Wasser des Todes« überqueren mußten, bevor sie in die Jenseitswelt im Westen eingingen. Ähnlich dachten alle Völker des alten Europa – der Atlantik war das Westmeer der Toten, dort lagen die glücklichen Inseln des ewigen Lebens und der ewigen Jugend. Vielleicht entstand aus dieser Denkweise heraus auch die Sage vom untergegangenen Atlantis, eine Idee, die wie kaum eine

andere die Menschen große Zeiträume hindurch bis heute beschäftigt. Wir merken schon, daß das Kreuz als Symbol so universell angelegt ist, daß es mannigfaltige Ausdeutungen zuläßt. Um bei den archaischen anzufangen: zunächst stoßen wir auf die sogenannten Kraft-, Jagd- und Wiedergeburtszeichen der steinzeitlichen Jäger. Viele Tierbilder der Höhlenmalerei und viele Kleinplastiken aus jener Zeit, später auch behauene Findlinge, Kultsteine und Menhire, weisen die typischen, zumeist schrägstehenden, also Bewegung andeutenden Kreuzzeichen auf.
Auch der Weltbaum des Schamanen hängt eng mit der Symbolik des Kreuzes zusammen: Die Krone in den Himmel reckend, die Äste über der Erde ausbreitend und mit der Wurzel tief in der Unterwelt verbunden, verkörpert er die Vorstellung der drei Welten, in denen der Schamane zu Hause ist. Im Schamanenhaus stand ein solcher Baum und führte durch die Wohnebene hindurch in das Allerheiligste eines unterirdischen Kultraumes (künstliche Höhle). Der obere Teil reichte durch das Dach in den Himmel und war mit einem Tierkörper (zumeist einem Vogel) gekrönt. Dorthin konnte der Schamane klettern, um zu fliegen (was er in seiner Vorstellung und unter Drogeneinfluß auch tat). Der tierkopfgeschmückte Zauberstab – aus dem später das königliche Zepter, der Hexenbesen und unser hölzernes Steckenpferd wurden – war sozusagen ein tragbares Abbild des Schamanenbaums (siehe Abb. 27 und 123).

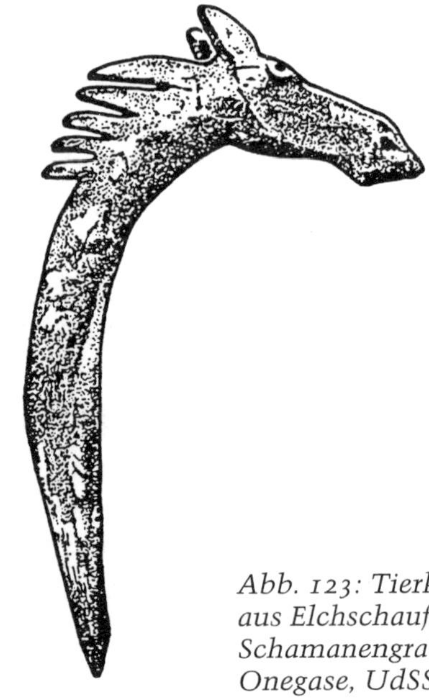

Abb. 123: Tierkopfstab, aus Elchschaufel geschnitten, Schamanengrab Nähe Onegase, UdSSR

Um den Weltbaum, die Weltsäule, den kosmischen Berg und die Leiter herum ranken sich viele kultische und religiöse Vorstellungen, die in Abwandlungen bei nahezu allen Völkern der Erde auftauchen. Der Baum (besonders bestimmte Bäume wie z. B. die Eiche, der Weihnachtsbaum, Maibaum usw.) war unseren Vorfahren heilig und zentrales Sinnbild ihres Glaubens. Er verband die drei Welten, stützte den Himmel und verkörperte die Hoffnung auf ewiges Wachstum und Wiedergeburt.

Abb. 124: Das altägyptische Ankh-Zeichen

In der Kreuzform vereinigten sich die Widersprüche des Lebens, polare Gegensätze, die Weltgegenden, Körper und Geist. Das Ankh-Zeichen (Henkelkreuz) war eines der wichtigsten Symbole der Ägypter. Es ist als Aufhebung der vereinigten Gegensätze der Schlüssel zu verborgener Weisheit, Erkenntnis und Unsterblichkeit. Isis und Osiris, also das weibliche und das männliche Prinzip, vereinigen sich in ihm und bilden die heilige Ordnung (Maat), die das Leben erschafft.

Das *christliche Kreuz* wurde anfangs noch häufig als Baum dargestellt, was in der Bildsprache sowohl an den heidnischen Lebensbaum als auch an den Baum der Erkenntnis aus der Paradiesgeschichte anknüpfte. Frühe Passionsbilder zeigen die Kreuzigung Jesu an einem Kreuz, dessen Holz zum Zeichen der Wiederauferstehung frische Triebe und Knospen schlägt. Das auf den horizontalen bzw. vertikalen Strich reduzierte Symbol steht für Hinnahme von Leiden, Opfern und Tod, für Versöhnung und Glauben; es kann als das christliche Symbolzeichen schlechthin bezeichnet werden. Das *Schaufelkreuz,* das Wahrzeichen der Johanniter, symbolisiert einen Vogel mit ausgebreiteten Schwingen. Das *Andreaskreuz,* ein schräg stehendes Kreuz, das noch deutlich an die steinzeitlichen Ritzungen erinnert, fand vor allem in der Baukonstruktion von Fachwerkhäusern Verwendung. Das *Malteserkreuz* stellt symbolisch die Wahrzeichen dieses alten Ritterordens dar: die vier assyrischen Hauptgötter Bel, Ea, Anu und Ra. Das *Rosenkreuz* hat das Herz als

Abb. 125: Kreuzigungsszene über Andreaskreuz, Rheinland

Zentrum. Interessant ist die gedankliche Kombination in einem steinernen Kreuz aus dem siebten Jahrhundert (Abb. 125).
Andere Kreuzformen sind das Doppelkreuz, ein Sonnen- und Himmelssymbol der Griechen, Arier, Chaldäer und Buddhisten.
Die Streitaxt des germanischen Donnergottes Thor wurde im Taukreuz dargestellt, zugleich weist es auf den Lebensbaum hin. Im *Islam* bedeutet das Kreuz die »höchste Gemeinschaft«, der Zusammenklang aller Seinszustände. Das Kreuz mit dem Halbmond vereinigt männlich-phallische und weiblich-empfangende Vorstellungen (Mastbaum und Mondbarke). Das Kreuz mit der Hand gilt als Talisman gegen den bösen Blick.

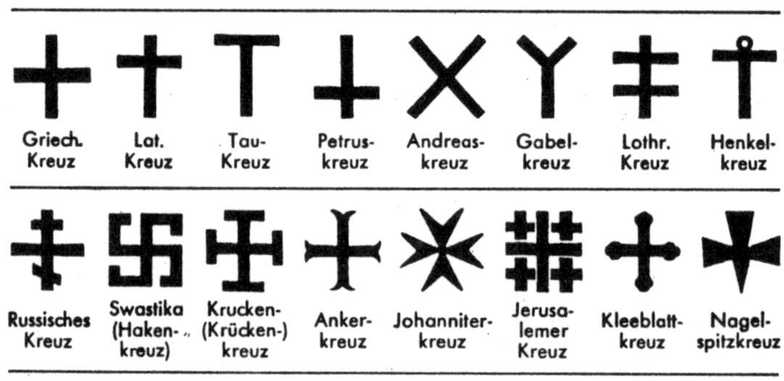

Abb. 126: verschiedene Kreuzformen

Das keltische Sonnenkreuz symbolisiert Leben und Fruchtbarkeit. Vielleicht war die Übereinstimmung gewisser keltischer Symbolzeichen und Vorstellungsinhalte mit dem frühen Christentum Grund dafür, daß der neue Glaube (z.B. in Irland) so widerstandslos akzeptiert wurde, ja nicht nur das: gerade die Iren taten sich bei der Missionierung des heidnischen Europa besonders hervor.
Bei den *Chinesen* ist das Kreuz im Quadrat das Erdzeichen, während der Kreis Himmel bedeutet. Im *Hinduismus* wird das Kreuz mit einem Rad im Zentrum dargestellt und bedeutet Macht (Chakra). Im Buddhismus steht das Kreuz für die Achse des Lebensrads, der ewigen Wiedergeburt.
Kreuzformen kennen auch viele andere Völker, z.B. die süd- und mittelamerikanischen Indianer. Bei ihnen wird damit stets ein Baum symbolisiert, im weitesten Sinne auch Nahrung und Leben. Das *Judentum* kennt ebenfalls die Kreuzform, allerdings als sechsstrahliges Kreuz, das für die sechs Tage der Schöpfung und für die Phasen der Weltdauer steht (Kabbala).

Abb. 127: irisches Intarsien-Kreuz

Mit dieser Betrachtung schließt sich vorerst der Zyklus von Kreis, Kugel, Spirale, Labyrinth und Kreuz. Wir haben festgestellt, daß diese Formen und ihre verwandten Abarten ursprünglich in einem engen Sinnzusammenhang stehen, um die gleiche Grundthematik kreisen, auch wenn mit der Zeit, und durch bestimmte kulturelle Besonderheiten geprägt, neue Assoziationen und Interpretationsmodelle hinzukommen. Um den

Bereich ergänzend auszudeuten, schließen sich nun Untersuchungen über die beiden komplementär zueinanderstehenden Richtungsverläufe horizontal und vertikal an.

Abb. 128: »Schratgaderl«, hölzernes Bannzeichen, Alpen. Die Stäbe wurden beim Fortgang von der Alm auf die Feuerstelle gelegt, um böse Geister abzuhalten.

Horizontale, Vertikale, Rechts, Links

Die Begriffe horizontal und vertikal bezeichnen keine Form, sondern eine Bewegungsrichtung. Da aber in den meisten Fällen die eine oder andere Bewegungsrichtung dominant hervortritt, wird eine Form in seinem Charakter definiert. Beide Begrifflichkeiten erfahren wir als Mensch direkt, die Horizontale, die Ebene des Liegens und Krabbelns, allerdings früher. Erst wenn wir uns aufrichten und den aufrechten Gang lernen, der der menschlichen Spezies zu eigen ist, im wahrsten Sinne des Wortes also »aufwachsen«, gewinnen wir allmählich die Vertikale dazu. Zeitlebens bleiben beide Dimensionen für uns relativ: Was uns als Kleinkind in der »Froschperspektive« gewaltig und riesig vorkam, schrumpft gegen Ende der Pubertät allmählich zusammen, wie ja überhaupt unsere gesamte Wahrnehmung nie objektiv sein kann, sondern stets angeborenen und antrainierten Programmen entspricht. Diese Grundmuster spiegeln sich nun auch in archetypischen Bedeutungszuordnungen wider. Was sehen wir in der Horizontalen? Unsere unmittelbare und fernere Umgebung, die Weite, das Land, das endlose Meer und natürlich den Horizont, die Nahtlinie zwischen Himmel und Erde. Und stets ist dieser Horizont für uns gekrümmt, was das Gefühl vermittelt, »oben auf der Erde« zu sein. Die Horizontale ist weich, flach, sanft gebogen, sie ist passiv und im Vergleich zum Himmel eher dunkel, es ist die Ebene, in der wir liegen, ausruhen und schlafen, starr sind als Toter, bevor wir in ihre schützende Wärme versenkt werden. All diese Attribute der »Mutter Erde« werden von altersher und weltweit als weiblich eingestuft. Die Horizontale schafft Vertrauen, weil sie uns irgendwie als immer schon bekannt vorkommt, sie ist ruhig und beruhigt, läßt das Auge gleiten, ohne daß wir den Kopf heben müssen; es ist der beschauliche Blick, der keinerlei Anstrengung bedarf und keine Aufregung verursacht. Als Farben ordnen wir Braun, Grün und Blau zu, gemäß den natürlichen Assoziationen Erde, Wald und Wasser.

Jede Form, die von der Horizontalen betont wird, besitzt etwas vom zuvor erwähnten Charakter, besitzt eine solide, statische Basis, wirkt massiv, bodenständig verankert und gegenüber der Vertikalen eher zeitlos unendlich.

Die Vertikale dagegen suggeriert uns aufstrebende Kraft, ist männlich, dynamisch, aktive Bewegung, ein Hinauf- und Hinausstreben; wie wenn ein Baum plötzlich vor uns steht oder ein steiler Berg: Wir heben den Kopf, um hinaufzustarren, fühlen uns klein, ohnmächtig gegenüber seiner Größe und spüren sogleich die Sehnsucht in uns, die Grenze seiner Macht zu erproben, seine Begrenztheit und Endlichkeit aufzuspüren – wir klettern zum Gipfel. Die Vertikale zu erfahren, erfordert aktiven Einsatz, ist selbst aktiv, hell, wird immer (Urerfahrung?) nach oben, nicht nach unten ausgerichtet erlebt. Die Vertikale ist ein Reiz, der magisch anzieht, etwas, das den Blick auf sich lenkt und nicht ausruhen läßt, etwas, das herausfordert. Eine aufsteigende rote Linie, besser noch ein Pfeil, drücken am deutlichsten den Charakter der Vertikalen aus.

Nun muß dieser Vektorpfeil aber nicht unbedingt senkrecht in den Himmel weisen. Noch mehr Kraft verkörpert er, wenn er nach schräg rechts aufsteigt und zwar bedeutend mehr, als wenn er nach links zeigt. Mit Rechts-Links verbinden sich archetypisch nicht nur ganz konkrete kulturelle Welturteile, sondern vor allem auch zeitlose Vorstellungen: In unserem westlichen Kulturkreis, und nicht nur hier, liegt die Zukunft rechts, die Vergangenheit links, wie auch die Uhr auf ihrer Bahn von links nach rechts läuft.

Das läßt sich recht deutlich an historischen Darstellungen ablesen: Der Feind kommt meistens von rechts, während die eigene, siegreiche Armee von links nach rechts vorstürmt. Diese Zeitebene in der (rechtshemisphä-

rischen) Bildsprache ist so zwingend, daß das kleinste Abweichen davon verheerende Folgen haben kann. Hätten die Nazis beispielsweise (die sehr viel von der magischen Wirkung der Bildsprache und den Möglichkeiten kommunikativer Massenmanipulation verstanden) in ihren Wochenschauen die deutschen Landser statt von links nach rechts von rechts nach links stürmen lassen, wäre die Illusion vom »Endsieg« sehr viel früher zusammengebrochen. Eigene Soldaten, die von rechts nach links ins Bild kommen, sind auf der Flucht... Personen, die an einer T-förmigen Kreuzung ankommen, schlagen automatisch den linken Weg ein, wenn sie zurückwollen, den rechten, wenn sie die Absicht verspüren, noch weiterzukommen. Natürlich hängt die Zeitbahn auch mit unserer Lesegewohnheit zusammen, die von links nach rechts geht (im Orient und in Asien ist es umgekehrt). Jeder weiß, daß die rechten Werbeseiten einer Illustrierten aus diesem Grunde erheblich mehr als die linken kosten.
Aber auch sonst gibt es ein ganz klares Wertgefälle zwischen rechts und links. Schon der Volksmund und viele Begriffe unseres alltäglichen Sprachgebrauchs weisen darauf hin: links ist link, linkisch, falsch, mißlungen, es fehlt etwas, man ist unfähig, etwas zu tun, weil man »zwei linke Hände« hat oder mit dem linken Fuß zuerst aufgestanden ist, Unglück droht, wenn etwa eine schwarze Katze von links über den Weg läuft usw. usw. Rechts dagegen ist Recht oder rechtens, rechtschaffen, richtig, entspricht den Regeln (regelrecht), ist echt, sauber und zuverlässig. Sie können den Links-Rechts-Test jederzeit mit beliebigen Personen wiederholen, indem sie x-beliebige Begriffe dazu assoziieren lassen (wie das übrigens schon mehrfach wissenschaftlich abgesichert getan wurde) und werden feststellen, daß völlig unabhängig von Alter, Geschlecht, sozialem Milieu usw. das Links-Rechts-Spektrum einer klaren Wertigkeit unterliegt.
In der *Symbolik* verkörpert die linke Seite in aller Regel das Böse, das nach innen, ins Finstere, nach rückwärts Gerichtete. Die christliche Malerei z.B. ist von dieser semantischen Ikonographie geprägt: Auf dem Kalvarienberg wird der gute Schächer rechts von Christi, der böse links von ihm plaziert, beim Jüngsten Gericht sammeln sich die Schafe rechts, die Böcke links usw. Links wird auch der linearen Nachtseite des Menschen zugeordnet, rechts hingegen erwartet ihn die Sonne, das Licht der Erkenntnis, die zukünftige Erleuchtung.
Wenn wir all diese Aspekte berücksichtigen, erhalten wir in der geformten und gebauten Kommunikation bei Darstellungen, Produkten und Architektur sehr deutliche Bewegungs- und Bedeutungsrichtungen. Asso-

ziieren Sie bitte bei nachfolgender Abbildung die Begriffe selbst, und legen Sie zeitliche, räumliche und wertbetreffende Zuordnungen fest:

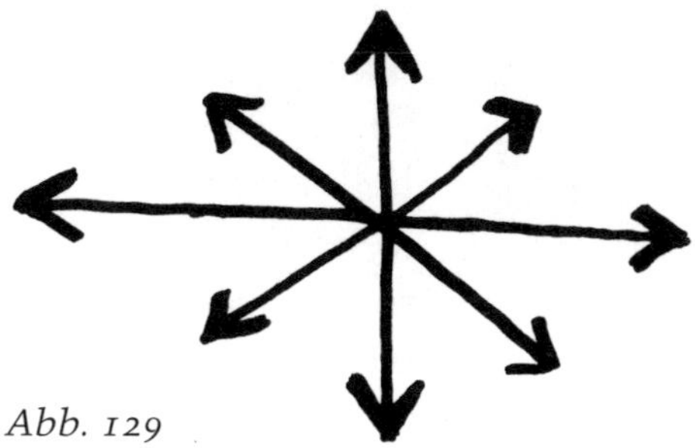

Abb. 129

Rechteck, Quadrat, Würfel, Kubus

Im Gegensatz zu den vorherigen Formgestalten, die weitgehend dem dynamischen und zyklisch orientierten Weltbild der Nomaden entsprechen, ergibt sich der rechte Winkel logisch aus dem Baumaterial der seßhaften Menschen und prägt nachhaltig ihr Paradigma. Das Rechteck wird zum Symbol der fest verankerten Heimat, der Stabilität und Sicherheit, im übertragenen Sinne auch der Erde überhaupt, (kontrapunktär zum Kreis des Himmels) der irdischen Existenz, der Geradlinigkeit und Korrektheit, Kultur und Sittlichkeit. In der Architektur verkörpert das Quadrat Begrenzung, bewußte Formung und Form, Dauer und Frieden (Umfriedung). In der sakralen Architektur wird darin auch der Gedanke des »transzendenten Wissens« manifestiert, eine grundsätzliche Form, die allen Werken zugrunde liegt. Kirchen, Klöster, Kreuzgänge, Innenhöfe usw. sind so angelegt; sie zeigen damit sozusagen körperlich an, daß die »Rundform des Fleisches« durch den Geist gebändigt wurde. Die Umkreisung des Quadrats weist auf die Transformation der Kugel hin. Dieser Grundgedanke ist nicht nur im Christentum anzutreffen, sondern auch bei vielen anderen Hochreligionen. Im Buddhismus z. B. bilden die viereckigen Sockel unterhalb des Rundturms die »Erdbasis«. Ähnlich dachten bereits die Ägypter bei der Konstruktion ihrer frühen Mehrstufen-Pyramiden (Abb. 130).
Die Chinesen hielten das Quadrat für das Abbild der unbeweglichen Erde, die sie gern in symbolischen Darstellungen in Kombination mit dem Kreis des Himmels als Yin-Yang wiedergaben (auch die Münzen waren so: eine

quadratische Ausstanzung in einer Scheibe). Konfuzius schrieb: »Auf der Grundlage des Quadrats zu handeln, heißt sich richtig verhalten«.

Abb. 130: Pyramide des Pharao Djoser, Sakkara

In Indien stellt das Quadrat die archetypische Grundform für die Ordnung der Welt dar, die sich in allen religiösen Gebäuden wiederspiegelt. Das quadratische Fundament der Stupa symbolisiert die Ebene des irdischen Seins, ihre vier Seitenlinien die vier Himmelsrichtungen, die vier Kasten usw. Die Form wird hier zum perfekten Maß für das Handeln des Menschen; es ist die »heilige Ordnung«, die aus dem Dharma-Prinzip stammt.

Für den griechischen Philosophen Pythagoras symbolisierte das Quadrat sogar die Seele. Ganz anders dagegen werden rechter Winkel, Rechteck und Quadrat von Naturvölkern bzw. von Menschen eingeschätzt, die noch in relativer Harmonie mit der Natur (und ihrer spielerischen Formenvielfalt) leben. Die Canarios, die Bewohner der Kanarischen Inseln, z.B. legen bei ihrer Terrassenwirtschaft kaum eines der Felder rechteckig an; jeder rechte Winkel wird vermieden, abgerundet; zu stark noch ist der Archetypus Rundform in ihrem Bewußtsein verankert (Steinkreise, Dreschplätze, Ringkampf-Arenen usw.) Ein typisches Wort, um die Geradlinigkeit im Denken westlicher Europäer zu definieren, ist »cabeza quadrata« – Quadratschädel, eine Bezeichnung, die mit ablehnender Geringschätzung eingesetzt wird.

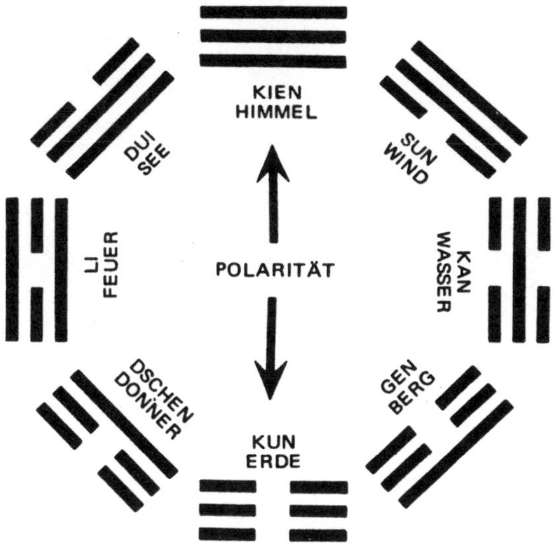

Abb. 131: die acht Trigramme des chinesischen I-Ging

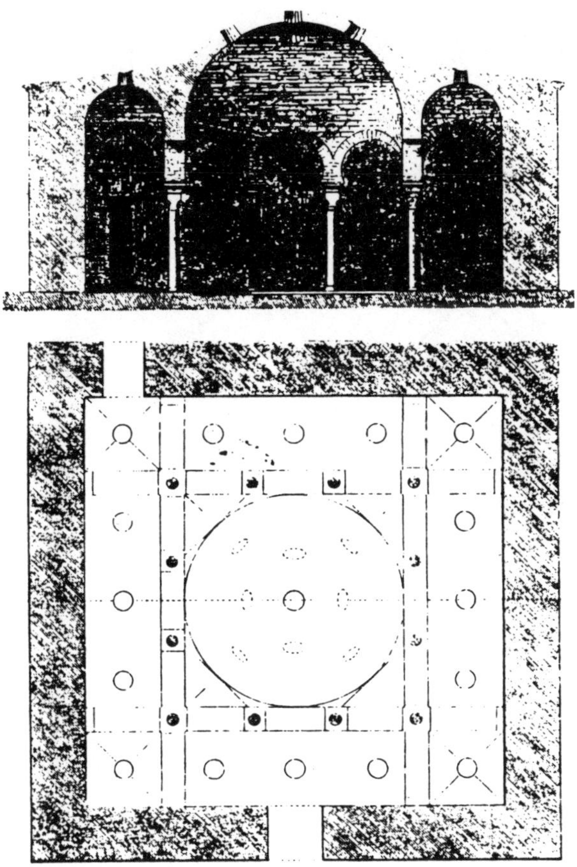

Abb. 132: die arabischen Bäder von Palma de Mallorca

Wir haben es beim Quadrat mit einer Kulturleistung zu tun, die vom Intellekt gesteuert und bewußt als Gegensatz zum archaischen Kreis verstanden wird.

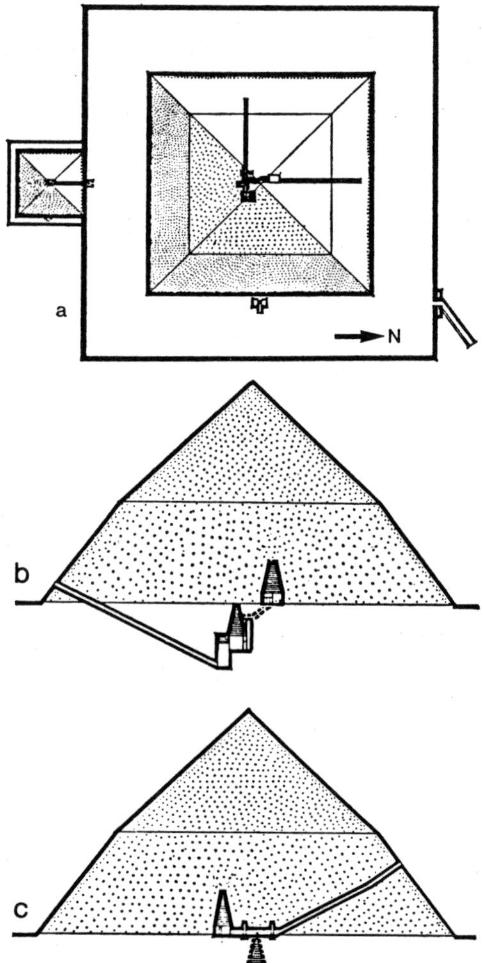

Abb. 133: Knickpyramide des Snofru, Sakkara
a) Grundriß, b) Schnitt von Osten

Wie sehr diese Gedanken mit dem Baumaterial zu tun haben und ihren Einsatz symbolisch aufladen, äußert sich in Vorstellungen der alten Ägypter. Erst ab der dritten Dynastie des Alten Reiches (2.665 – 2.600,

Pharao Djoser und sein königlicher Baumeister Imhotep) wird für Tempel und Begräbnisbauwerke in Quadratform behauener Stein eingesetzt. Nach ihrer Überlegung läßt sich nur durch aktive, schöpferische Leistung Vollendung erlangen. Der unbehauene Stein steht für den noch nicht erwachten Menschen, er muß bearbeitet, d.h. kultiviert werden. Der von den Göttern inspirierte, nach Vollkommenheit strebende Mensch äußert sich durch Werke, die allein schon durch ihre Form Veredelung erkennen lassen. Der aus dem Fels gebrochene Quaderstein wird damit zum Symbol für die Erneuerung des Menschen bereits schon im Diesseits.

Verfolgen wir diesen Gedanken weiter durch die Jahrtausende, so fällt auf, daß die ständige ikonographische Reproduktion der Gestaltform Viereck/ Quadrat beinahe schon den Charakter einer Beschwörungsformel erhält – das Viereck wird zum »magischen« Quadrat, zu einem Talisman, der Dauerhaftigkeit und Stabilität verspricht. Man hat oft, vor allem in jüngster Zeit von der »Diktatur des Lineals« gesprochen und dabei vor allem die Ungastlichkeit unserer Häuser und die »Unwirtlichkeit« unserer Städte (Alexander Mitcherlich), die oft bereits schon vom Reißbrett aus konstruiert werden, gemeint: Wohntrakte geraten zu eckigen Betonsilos, Straßen durchschneiden willkürlich organisch gewachsene Wohngebiete, Funktionalität und nüchterne Kosten-Nutzen-Rechnungen sind angesagt, und der Mensch als »amöbenartige, runde Biomasse« (César Manrique) kommt dabei zwangsläufig zu kurz. In gleicher Weise, wie die christliche, islamische oder buddhistische Sakralbaukunst harmonische Ausgewogenheit vermittelt, suggeriert sie allerdings auch Erstarrung, die von geistiger Überperfektion herrührt, Fixierung, die mehr die Manifestation als den sich lebendig entwickelnden Inhalt des Ritus ins Auge faßt.

Das »Unbehagen an der Kultur« (Sigmund Freud) äußert sich nirgendwo so deutlich wie im Gegensatz zwischen Kreis und Quadrat, Kugel und Würfel.

Eine Projektarbeit an der Fachhochschule Wiesbaden, die sich dieses Spannungsverhältnis zur Aufgabe machte, führte zu interessanten plastischen Ergebnissen.

Vorgabe war die Beschäftigung mit Form, Farbe und Funktion. Als Ausgangsmaterial wurde der leicht zu bearbeitende Werkstoff Ytong in Würfeln von 20 × 20 × 20 cm eingesetzt. Die Fragen lauteten: Wie weit läßt sich die Würfelform verändern, ohne die Gestaltform Würfel zu verlassen? Bringt die Annäherung an eine andere Gestaltform (z.B. Kugel oder Pyramide) wohltuende oder bedrohliche Spannung? Inwieweit kann Farbe den dargestellten Prozeß unterstützen? Ergibt sich aus dem Prozeß womöglich eine neue Idee oder Funktion? Abgesehen davon, daß insgesamt eine erstaunliche Vielfalt von Möglichkeiten zustande kam, möchten wir an dieser Stelle acht Lösungen herausgreifen und näher untersuchen.

Würfelobjekt 1 (Stephanie Noe) stellt den Prozeß des Aufeinanderpralls der Gestaltformen Würfel und Kugel äußerst dramatisch dar: Die Kugel liegt im Würfel verborgen, eingefangen zwar von der Macht seiner statischen Form, aber doch so kräftig, daß sie den Käfig des Würfels sprengt. Das Gelb der Kugel strahlt aus und dehnt sich, die Kugel will sich befreien und schafft es auch, auf den Betrachter zuzukommen. Die strenge Form des Würfels wird von der Farbe Schwarz unterstrichen. Während Gelb eine bewegliche, hohe Mobilität zeigt, bleibt Schwarz starr, leblos und, weil selbst ohne Dynamik, anfällig gegenüber jeder Veränderung. Die gelbe Kugel bricht aus, bleibt heil und in ihrer Gestaltform authentisch, während der schwarze Würfel durchaus zerfällt und sich in zwangsläufig nicht mehr als Formganzes erkennbare Einzelteile auflöst (Abb. 134).

Ebenso dramatisch, jedoch mit völlig anderer Auswirkung stellt sich Würfelobjekt 2 (Stephan Guber) vor: Hier wurden die Grundfarben Blau, Rot und Gelb eingesetzt. Die gelbe Kugel befindet sich wie bei Würfel 1 ebenfalls in einem Käfig gefangen, der seine Statik aus dunkler Blau-Farbgebung erhält. Die Seiten des Würfels sind (wie bei Würfel 1) kreisförmig ausgespart, wobei die Kanten und der Würfelinnenraum die rote Farbe äußerster Aktivität besitzen. Auch bei dieser Lösung hat die gelbe Kugel die Tendenz, auf den Betrachter zuzukommen. In diesem Fall tut sie es tatsächlich und jederzeit nachvollziehbar – sie ist nämlich ein aufgeblasener Ballon. Und nun geschieht etwas Seltsames: Beim Aufblasen quillt der Ballon aus den kreisförmigen Seitenöffnungen hervor, allmählich sich deformierend und sechs ausbeulende Halbkugeln bildend. Hier beruht also das Spannungsverhältnis in der Latenz. Der Betrachter erwartet Bewegung, Veränderung, Ausdehnung; geschieht dies aber, so erweist sich die starre Gestaltform Würfel als übermächtig – die Kugel wird an verschiedenen Stellen ausquellen und schließlich platzen (Abb. 135).

Würfelobjekt 3 (Markus Beltz) stellt den Prozeß des Zusammenspiels von Würfel und Kugel in einem seltsam ausbalancierten, beinahe magisch anmutenden Zustand dar, der an einen Geburtszustand erinnert: Eingebettet in einem aufgebrochenen, aber immer noch schützenden Würfelraum ruht die Kugel, und es ist nicht gewiß, ob sie diesen Ort überhaupt verlassen will. Wie eine rechtwinklige Eischale hüllt der Würfel die Kugel

134

135

136

137

138

139

140

141

142

143

ein, ist äußere Haut des Wesentlichen im Innern, und damit wird bereits deutlich auf einen anderen Aspekt des Themas hingewiesen: den Archetypus vom Welt-Ei (siehe entsprechendes Kapitel; Abb. 136).

Eine originelle Lösung bietet Würfelobjekt 4 (Uwe Wolsiffer): Hier bewegen sich die Gedanken allein um die Gestaltform Würfel. Ihr wird durch die Farbe Rot Kraft zugewiesen, allerdings eine, die in letzter Konsequenz sich selbst zerstört – das frei schwingende Gewicht am stählernen Galgen zerstört mit jedem Auftreffer auf den Würfel-Körper ein Stückchen mehr. Es erscheint absehbar und im Voraus berechenbar, wann die Gestaltform Würfel aufhört zu existieren (Abb. 137).

Würfelobjekt 5 (Christa Polch) beschäftigte sich dagegen mehr mit der Frage der kontinuierlichen Ausbreitung des Würfels bis eventuell hin zur Gestaltform Pyramide. Ein Blau-Verlauf betont die Abstufungen der Außenseiten, die an manchen Stellen bereits an Stufentempel erinnern. Doch unterliegt das Objekt immer noch streng der Gestaltform Würfel, ja einem ihr innewohnenden Gesetz der Beibehaltung der Masse: Als Ausgleich zu den Ausbreitungen führen andere Seiten konsequent wieder in den Raum hinein, wobei die Farbabstufung dann logischerweise zur Dunkelheit neigt (Abb. 138).

Würfelobjekt 6 (Wilhelm Opatz) nimmt die Aufgabenstellung wörtlich und spielerisch zugleich: Die Gestaltform zerfällt hier in acht gleichgroße Würfel, die amöbenartig zusammengeballt sind und insgesamt wieder eine Würfelform bilden. Daß dabei die Fantasiezahlen auf den Würfelflächen eine scheinbare Sinnfolge bilden und dazu einladen, das womöglich in ihr versteckte System zu knacken, ist eine Begleiterscheinung, allerdings eine, die doch irgendwie aus der Idee selbst heraus erwächst, denn Spielwürfel verkörpern nun einmal den Gedanken von ständiger Bewegung und Veränderung der Bedeutung. Dies wird durch das aktive Rot des inneren Würfelkörpers verstärkt, in dessen »Kraftfeld« sozusagen die acht kleinen Würfel wie Möglichkeiten einer unendlichen Vielfalt an Kombinationen stecken (Abb. 139).

Bei Würfelobjekt 7 (Heiko Weigend) wird dieser Gedanke ebenfalls spielerisch umgesetzt und zu einer erstaunlichen Vielfalt vorangetrieben. Das Objekt besteht aus siebenundzwanzig kleinen Würfeln, wobei jeweils neun eine Seitenfläche bilden. Das Material wurde mit bedrucktem Papier beklebt, das bestimmte, unterschiedliche Seinsebenen repräsentiert: Je nach Stimmung kann man die schöne bunte Scheinwelt der Werbung als äußere Hülle wirken lassen, während innen Schwarz-Weiß-Aufnahmen ganz andere Zustände abbilden: Menschen-, Häuser- und Fahrzeugmassen, Unterdrückung und Folter – oder umgekehrt. Aus dem Spiel der Möglichkeiten ergeben sich untereinander nun reizvolle und bestürzende Kombinationen. Der Würfel hat das Prinzip der Ordnung aufgegeben und den Betrachter selbst plötzlich zum ordnenden Schöpfer gemacht (Abb. 140–142).

Würfelobjekt 8 (Bruno Fuchs) hinterfragt den Zustand der Stabilität: In einem würfelförmigen Plexiglasbehälter befindet sich die Substanz, die übrigblieb, als er einen ursprünglich 20 × 20 × 20 cm großen Ytongblock zu Pulver zermahlte. – Zunächst erstaunt, wie gering jetzt die Menge geworden ist, legt er den Gedanken nahe, daß in der Tat, wie die asiatischen Philosophen es nannten, »das meiste von dem, was vorhanden ist, aus Nichts besteht«. Jetzt kommt aber noch die Bewegung hinzu. Dreht man den Würfel nämlich, so verformt sich der feine Staub zu immer neuen dünenartigen Gebilden. Es fällt dabei auf, daß sich beim Drehprozeß im Innern des Plexiglaswürfels niemals eine kantige, rechteckige Form ergibt – Masse in Bewegung formt sich stets rund. Wir sehen hier also, daß nur der äußere Rahmen (die Idee) etwas Festes bleibt, während der Inhalt, die Materie, ständigen Wandlungen und Verformungen unterliegt (Abb. 143). Ein Sinnbild für jeden Archetypus?

Das Quadrat formt sich in der dritten Dimension zum Würfel aus, folglich transportiert der Würfel viele wesentliche Symbolelemente des rechten Winkels, des Vierecks und des Quadrats. Der Würfel ist eine stabile, in sich geschlossene, Vertrauen ausstrahlende Formgestalt, ist Quader und Baustein, ein Element, mit dem sich aufbauen läßt.

Gerät dieser Würfel jedoch in Bewegung – wie es beim Spielwürfel üblich ist –, so werden die zuvor genannten Qualitätseigenschaften in Frage gestellt, im Grundsatz erschüttert. Der Würfel mit seiner unvorhersehbaren Bewegung und Bedeutungsänderung steht nun symbolisch für wechselhaftes Schicksal, für die Macht des Schicksals überhaupt und für Wankelmut.

Die Funktion des Spielwürfels ist seit Jahrtausenden bekannt. Römische Legionäre vertrieben sich ihre Freizeit mit Würfelspielen, vor ihnen wahrscheinlich schon die Ägypter, und es wurden im mesopotamischen Sumer würfelähnliche Gegenstände ausgegraben: kleine Objekte aus Elfenbein mit Augen und anderen Motiven.

Für Orakelzwecke wurden Würfel verwendet, in der Zahlenmagie, Astrologie und Alchimie. Aus verläßlichen Chroniken wissen wir, daß das Würfeln um Geld oder andere Wertgegenstände sehr früh schon eine beliebte Unterhaltung der Männer war. Es ist auch die Sitte bekannt,

Abb. 144: Abbildung aus einem Wahrsagebuch, sechzehntes Jahrhundert

einen Würfel in zwei etwa gleichgroße Stücke zu zerbrechen, um so einen Vertrag unter Freunden sichtbar zu bezeugen. Im Christentum wird der Wüfel mit dem Leidensweg Christi in Verbindung gebracht. Im Hinduismus bedeutet der Würfel die symbolische Umsetzung des Quadrats, d.h. der heiligen Vier, die für die Himmelsrichtungen, Weltalter usw. steht. Hier besteht eine enge Verbindung zum Kubus. Der *Kubus* bedeutet in der Symbolsprache so etwas wie die »Quadratur des Kreises«, d.h. die ewige Wahrheit, die immer gleich bleibt, aus welchem Winkel heraus man sie auch betrachtet, die Vollkommenheit und Vollendung, die Perfektion von Gedanken, die unverfälschte Lehre. Der Kubus kennzeichnet auch das Ende eines Zyklus, den unverrückbar stehenden Endpunkt einer Entwicklung. Im Christentum bedeutet er eine Analogie zum Kreuz, nämlich das gefaltete Kreuz. Da der Kubus die absolute Stabilität verkörpert, wurde er in der sakralen Architektur häufig als Grundstein und Grundmuster verwendet. Die Bedeutungen in anderen Religionen, vor allem im Islam (das zentrale Heiligtum, die Ka'aba ist z.B. in Kubusform erbaut), im

Judentum und im chinesischen Glauben (wo der Kubus die Erdgottheit verkörpert), sind sehr ähnlich. Oft steht der Kubus in engem Zusammenhang mit der Vorstellung des »Allerheiligsten«. Sogar bei indianischen Religionen (z.B. bei den Mayas) finden wir ähnliche Gedanken und Symbolbilder: Der Baum des Lebens wächst aus einem Kubus heraus und symbolisiert so die Erde und ihre Erscheinungen von grundsätzlicher Bedeutung (hier das Lebensprinzip Wachstum). Im alchimistischen Sinne wird der Kubus als Symbol für das Salz, das aus dem Kristallisationsprozeß von Schwefel und Quecksilber entsteht, verwendet. Kristall ist erstarrte Form, ist sozusagen die Verhärtung einer vollendeten Idee.
Der Bezug zum Sechseck, Achteck, Stern und zu ähnlichen Formen liegt nahe, doch soll auf diese Aspekte erst im nächsten Abschnitt näher eingegangen werden. Halten wir vorerst die Erkenntnis fest, daß Kreis und Quadrat, Kugel und Würfel archetypische Grundformen polarer Gegensätzlichkeit darstellen, man könnte sagen »Sturmzentren an Bedeutung«, von denen viele verwandte Assoziationen auslaufen und sich in Symbolen verdichten. Beide Vorstellungen bedingen sich gegenseitig, bilden eine ursächliche Bedeutungssymbiose – zumindest in der Zivilisation, da die davorliegende Kulturform der Archaik allein mit einer, nämlich der des Kreises, auskam.

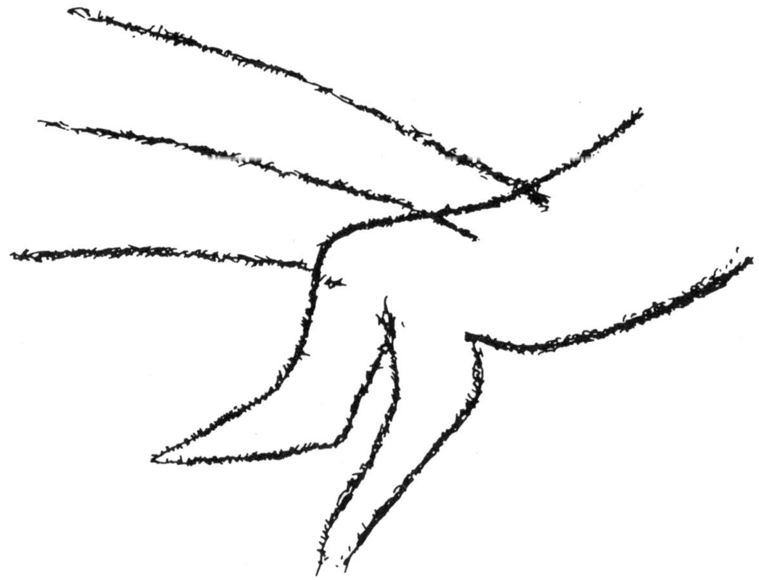

Abb. 145: Jungsteinzeitliche Zeichnung, Kulthöhle Cougnac, Frankreich

Dreieck, Pyramide

Diese Formgestalten sind anscheinend nicht so alt wie etwa der Kreis, jedoch reicht der tiefe Symbolgehalt der Zahl drei bis in die Zeit der Höhlenmalerei zurück. Neben den Tierdarstellungen (und auch auf den bemalten Kieseln) tauchen nämlich immer wieder Zeichen auf, die wohl tiefere Bedeutung besitzen, weil sie regelrecht ikonographisch reproduziert wurden. Lang hat man diese Hieroglyphen nicht beachtet, sie gehören aber unübersehbar zum Kommunikationsrepertoire des frühen Menschen. Es gibt mehrere Interpretationsversuche: Zum einen werden sie als Symbol für die drei Mondphasen aufgefaßt, zum anderen aber auch als Zeichen für Jagdmagie, möglicherweise auch für Zerstörung und Tod. In der asiatischen, aber auch in der nordeuropäischen Mythologie blitzt die letztgenannte Absicht noch deutlich unter aller Verkleidung durch Zusatzsymbole hervor: Der Dreizack (wie ihn z.B. Neptun, Poseidon usw. als Zepter tragen) verkörpert die Macht, die Donnerkeile, die dreizackige Flamme der Zerstörung. Die alten Himmels-, Donner- und Sturmgötter wurden mit diesem Zeichen gewaltiger Macht ausgestattet. Im Hinduismus ist der Dreizack Shivas Waffe, das Zeichen der Vernichtung und Umwandlung, dem erst später die heutige Bedeutung der Trinität Vergangenheit – Gegenwart – Zukunft hinzuaddiert wurde. In der Vorstellungswelt des Buddhismus werden mit dem göttlichen Dreizack die drei Grundübel dieser Welt – Zorn, Begierde und Faulheit – überwunden. Beim Christentum taucht der Gedanke der Zerstörung deutlich im Bild der dreizackigen Gabel auf, die der Teufel als Waffe trägt. Als Macht, die auf der Kraft der Waffen beruht, wurde der Dreizack auch im alten China verstanden, ebenso wie übrigens in der minoischen Kultur und in den griechischen Berichten über die sagenhafte Seemacht Atlantis.

Abb. 146: Dreizack Shivas

Diese Interpretationsrichtung trifft aber zugegebenermaßen nur einen Aspekt der Zahl Drei. Der andere, ebenso alt und wahrscheinlich mit starkem Bezug auf den Mondzyklus, weist auf die Dreifaltigkeit allen

Seins (Geburt, Leben und Tod), der Welt (schamanistische Vorstellung von Unterwelt, Mittelerde und Himmel), der Zeiten und ihrer allegorischen Ausformungen (drei Nornen, Vater, Sohn, Heiliger Geist usw.) hin.

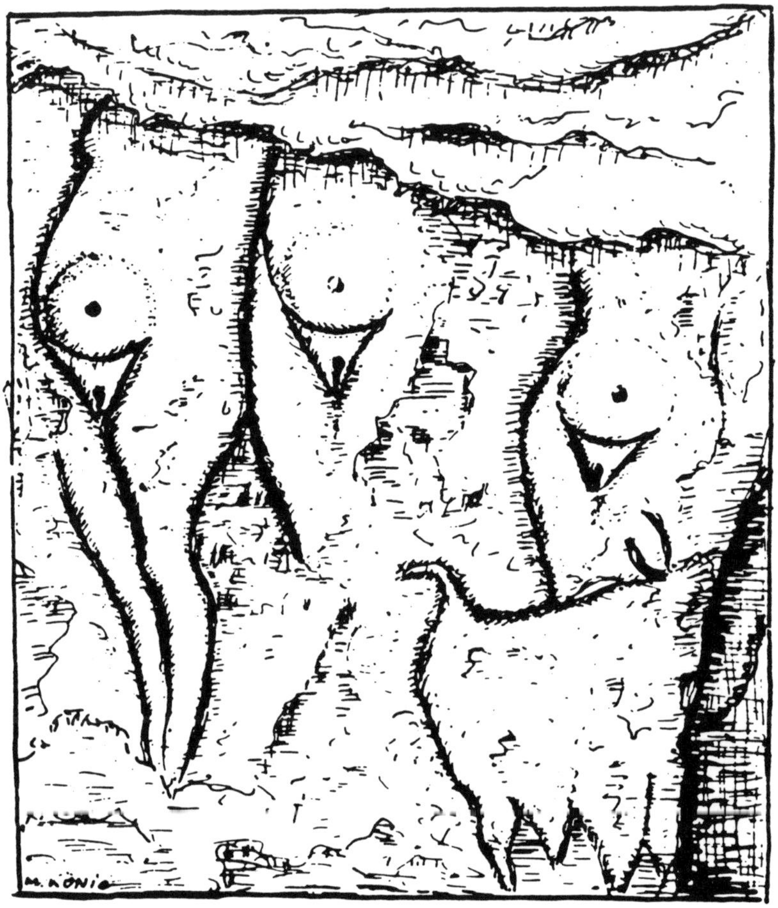

Abb. 147: steinzeitliches Relief dreier Frauenkörper mit Stier, Angles-sur-l'Anglin, Frankreich

In dieser Ausprägung wird die mystische Drei zum Symbol für das Gleichgewicht des Universums und die Interdependenz der Kräfte in ihm: Himmel, Erde, Mensch / Vater, Mutter, Kind / Körper, Seele, Geist usw. Die alten Ägypter sahen im Dreieck eine symbolische Verkörperung ihres Schöpfungsmythos. Die Senkrechte stellte das zeugende männliche Prinzip (Osiris, der Anfang) dar, die Grundlinie das empfangende weibliche (Isis, das Medium) und die Hypothenuse das Kind ihrer Liebe (Horus, der Bewirkende). Von dieser durchaus noch bildhaften Idee bis zur reduzierten

Geometriezeichnung ist es nur ein kleiner Schritt. Einer allerdings, der in der Dreidimensionalität erstaunliche Resultate – den Bau der Pyramiden nämlich – hervorbringt. Wir dürfen nicht vergessen, daß bereits der Konstruktion der ersten Mehrstufen-Mastaben dieses Gedankenmodell zugrunde lag und in den »richtigen« Pyramiden mit ihren geglätteten Oberflächen nur ihre perfekteste Ausgestaltung erreichte.

In der Symbolik existieren zwei Dreiecke mit gänzlich konträrer Bedeutung: Die aufstrebende Form mit der Spitze nach oben steht für das aktive Lebensprinzip des Feuers, der Wärme, für das Solare, das Männliche, die Welt des Geistes, für Macht, Herrschaft und Weisheit. Das Zeichen assoziiert das Bild des Berges, und es ist daher nicht verwunderlich, daß patrilineare Kulturen »heilige Berge« kennen (Olymp, Ararat, Fujijama usw.) und mit Vorliebe ihre Kultstätten auf Bergen anlegten, um den Göttern nahe zu sein. Die Hauptfarbe dieses Dreiecks ist Rot.

Im Gegensatz dazu verkörpert ein Dreieck, dessen Spitze nach unten zeigt, das lineare, weibliche Lebensprinzip, das Wasser, die Kälte, die natürliche Körperhaftigkeit, das Passive, das Gefühl und die Große Erdmutter, die Erzeugerin alles Lebendigen ist. Dieses Zeichen assoziiert stark mit dem weiblichen Schoß, mit dem »Schoß der Erde«, der Höhle. Matrilinear ausgerichtete Kulturen bevorzugten Höhlen- und Quellheiligtümer. Die dominierenden Farben dieses Dreiecks sind Schwarz (die Dunkelheit der Erde) und Weiß (Unschuld und Reinheit).

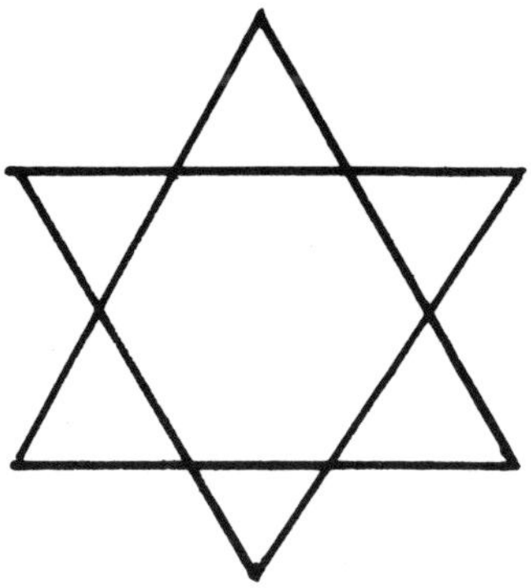

Abb. 148: Davidstern

Aus dieser Symbolsprache heraus sind auch kompliziertere Formen zu verstehen, wie z. B. der sechszackige jüdische Davidstern, in dem sich die beiden vorher beschriebenen Dreiecke durchdringen. Das obere Dreieck wird weiß, das untere schwarz dargestellt. Alle denkbaren Gegensätze vereinigen sich in diesem Zeichen; es wird zum Symbol für den kosmischen Menschen, die Synthese aller Elemente, die Macht des Geistes über die Materie – für eine Kraft, mit der sich Dämonen bändigen lassen. In der Tat wurde und wird das Symbol auch außerhalb des Judentums als glücksbringender Talisman eingesetzt.

Es sind noch weitere Kombinationen bekannt: Drei ineinandergeflochtene Dreiecke symbolisieren z. B. die Dreifaltigkeit. Das Dreieck im Kreis steht für die Form, die von der Ewigkeit gehalten und bewahrt wird. Zwei

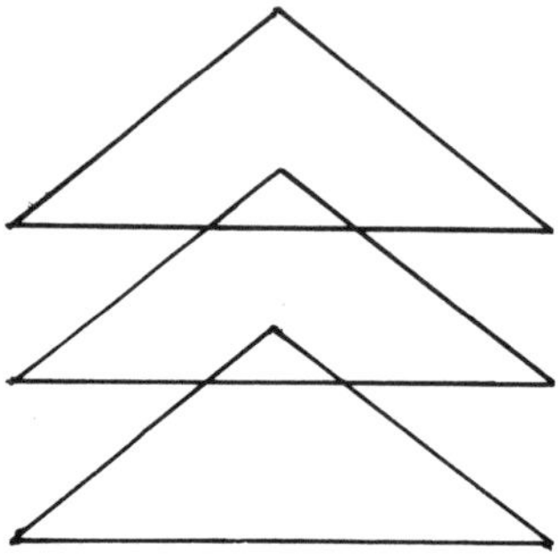

Abb. 149: Alchimistische Symboldarstellung der göttlichen Energieformen

horizontal liegende Dreiecke, deren Spitzen sich berühren, sind ein lunares Symbol des abnehmenden bzw. zunehmenden Mondes; im übertragenen Sinne stehen sie für Leben und Tod und damit für die ewige zyklische Wiederkehr. Drei doppelte Dreiecke, die von konzentrischen Kreisen umrahmt werden, kennzeichnen das Reich der Geister. In der Alchimie wurden die Elemente in Dreiecksform dargestellt: △ = Feuer, ▽ = Wasser, 🜃 = Erde, 🜁 = Luft. Zwei Dreiecke, die ineinandergreifen, symbolisieren die Vereinigung der Gegensätze (»flüssiges Feuer, brennendes Wasser«). In der christlichen Symbolsprache wurde der Heiligenschein Gottes häufig in Dreieckform dargestellt.

Pentagramm, Sechseck, Achteck, Stern

Das Pentagramm (Fünfeck oder Fünfstern) ist ein altes magisches Zeichen. Es hat immer mit dem Menschen und seinem Mikrokosmos zu tun und steht (positiv gedeutet) mit Gesundheit, Vollkommenheit und Macht in Verbindung. Man kann sich gut den Menschen mit ausgebreiteten Armen und ausgestreckten Beinen darin vorstellen; auch die fünf Sinne werden damit in Beziehung gesetzt. Im volkstümlichen Aberglauben und in der Schwarzen Magie steht das Pentagramm als *Drudenfuß* auf der Spitze und kennzeichnet den Teufel und seine zerstörerische Macht, die die aufrechte menschliche Natur in ihr Gegenteil verkehrt. Der mit Kreide gekennzeichnete Druden- oder Hexenfuß, in den man sich stellt, galt als Bannkreis zur Dämonenabwehr bzw. als Mittel, um einen eingefangenen Geist »festzunageln«.
In positiver Deutung ist das Pentagramm eng mit dem Kreis verwandt, bedeutet Ganzheit, Vollendung und gilt als Glücks-Symbol. Im Christentum ist das Zeichen wenig anzutreffen, es gibt allerdings Allegorien, in denen das Pentagramm für die fünf Wunden Christi steht.
Sterne als Symbolzeichen kommen in nahezu allen Kulturen vor. Sterne sind die »Augen der Nacht«, Augen, mit denen die Götter auf die Menschheit blicken, bzw. himmlische Wohnorte der Götter. Zumeist ist

mit der Abbildung eines Sterns ein ganz bestimmter oder ein Sternbild von besonderer Bedeutung gemeint, z. B. die Venus, die in den mesopotamischen und mittelmeerischen Hochkulturen eine große Rolle spielte (Ischtar, Astarte usw.). Die Venus, auch Morgen- oder Abendstern genannt, galt als der Sitz und das Sinnbild aller Himmelsgöttinnen, die auch häufig mit einer Sternenkrone dargestellt wurden (z.B. die ägyptische Göttin Isis). Auch die Jungfrau Maria trägt als Himmelsgöttin oft eine solche Sternenkrone. Die Gleichsetzung von Venus und Liebe war in vielen frühen Religionen üblich. Bei den altamerikanischen Indianerkulturen (Mayas, Azteken) war dieser Stern doppelgeschlechtlich: als Morgenstern verkörperte er die aufsteigende, männliche Kraft (wie die Sonne), als Abendstern die herabsteigende, weibliche (luneares Prinzip).
Im nordischen Lebensraum übernimmt der Polarstern als Dreh- und Angelpunkt des himmlischen Geschehens, als wichtigste Orientierungsmarke (z.B. auch für die Navigation) die zentrale Bedeutung. Er wird häufig als »Nagel« bezeichnet, mit der die Deichsel des Weltbaums am Himmel befestigt ist (diese Vorstellung hängt eng mit dem Schamanenbaum zusammen), und gilt als Symbol der Beständigkeit.
Im asiatischen Raum gilt der vierstrahlige Stern als Symbol für den Sonnengott, für Liebe und Gerechtigkeit. Der fünfstrahlige Stern – zumal wenn seine Spitze nach oben steht – gilt als Zeichen der Sehnsucht, des strebenden Geistes, des Lichts und der Erleuchtung. Zeigt seine Spitze nach unten, so kehrt sich die Bedeutung ins Negative um und weist auf das Böse, auf Hexerei und Dämonen hin (Vgl. Abb. 150).
Im christlichen Weltbild haben Sternzeichen große Bedeutung und werden in verschiedenen Zusammenhängen dargestellt (Stern von Bethlehem, Heilige Drei Könige, achtstrahliger Stern als Symbol für den Erlöser; zwölf Sterne visualisieren die zwölf Stämme Israels bzw. die Apostel; ferner sind Sterne oft Attribute von Heiligen).
Im Islam bedeutet der Stern, häufig zusammen mit der Mondsichel dargestellt, die Herrschaft Gottes.
Weitergehende und oft für den Laien nicht sofort einsichtige Bedeutung erlangen Sternenbilder in der Astrologie, der Alchimie und im alten Volksglauben.
Das *Sechseck* oder Hexagon symbolisiert in seiner Ausgewogenheit die vollkommene Harmonie des Gleichgewichts, die Einheit der Polarität. Als Zahlenwert nimmt die Sechs (z.B. beim Würfeln) den höchsten Stellenwert ein, was mit der Bedeutung von Liebe, Glück, Gesundheit, Schönheit usw. korreliert. Die sechs Tage der Schöpfung, die vier Him-

Abb. 150: Abwehrhand, Felsritzung, Bayern

melsrichtungen plus die Orientierung nach oben und unten gehören dazu; ebenso wie Tag und Nacht je zwei Abschnitte von jeweils sechs Stunden besitzen. Im jüdischen Glauben stellt ein sechsstrahliger Stern das Salomon-Siegel, d.h. das vollendete Gleichgewicht, dar.

Besondere Bedeutung in der Symbolik hat das Achteck bekommen: acht steht als Zahl für Regeneration, Wiedergeburt, Unendlichkeit (eine liegende Acht ist das mathematische Zeichen dafür). In der sakralen Architektur des christlichen Abendlandes taucht das Achteck recht häufig und an adäquaten Stellen auf, z.B. sind der Taufstein und das Taufbecken oft achteckig – hier wurde die Wiedergeburts-Symbolik sozusagen in Stein gefaßt. In der weltlichen Architektur gewinnt das Achteck die Bedeutung von Herrschaft über die Welt (Kaiserkrone, Grundriß mancher Pfalzen usw.). Es ist die kaiserliche Zahl, das Maß, das dem Kaiser zukommt. Als Transformation des Kreises ins Quadrat ist die Acht zudem eine magische Zahl der spirituell Eingeweihten, Geheimzahl der Mystiker und wird häufig in entsprechenden Sinnbildern (Mandalas) dargestellt. In den

Abb. 151: Tarot-Karte (Rider Tarot, P. C. Smith)

Geheimlehren war die Acht aufgrund ihrer arithmetischen Eigenschaften besonders angesehen (man verdoppelte z. B. die vier Himmelsrichtungen), die achteckige Form galt als das Maß aller Dinge.

Literaturhinweise:

Arnheim, Rudolf : Kunst und Sehen, Berlin 1975
Braem, Harald: Brainfloating. Neue Methoden der Problemlösung und Ideenfindung, München 1986
Cassirer, Ernst: Philosophie der symbolischen Formen, Berlin 1923
Cooper, J. C. : Illustriertes Lexikon der traditionellen Symbole, Leipzig 1986
Creuzer, F. G.: Symbolik und Mythologie der alten Völker, 1836–42
Drößler, Rudolf: Kulturen aus der Vogelschau. Archäologie im Luftbild, Leipzig 1987
Eliade, Mircea: Die Religionen und das Heilige. Elemente der Religionsgeschichte, Salzburg 1954
Evers, Dietrich: Holzzeit. Überleben dank Holz, Wiesbaden 1989
Frutiger, Adrian: Der Mensch und seine Zeichen, Bd. 3 / Zeichen erkennen, Zeichen gestalten / Die Zeichen der Sprachfixierung / Zeichen, Symbole, Signete, Signale, o. J.
Hächaka, Ssaka: Weißt du, daß die Bäume reden, o. J.
Klee, Paul: Das bildnerische Denken, Basel 1956
v. Ranke-Graves, Robert: Die weiße Göttin. Sprache des Mythos, Berlin 1981
Riedel, Ingrid: Bilder in Therapie, Kunst und Religion, Zürich 1988
Schlesinger, M.: Geschichte des Symbols, 1912
Schwarzer Hirsch: Die heilige Pfeife. Das indianische Weisheitsbuch der sieben geheimen Riten, Freiburg 1978, Bornheim 1982
Shegin, L. F.: Die Sprache des Bildes. Form und Konvention in der alten Kunst, Dresden 1982
Wölfel, Dominik Josef: Die Religionen des vorindogermanischen Europa, Hallein 1980 (Nachdruck aus dem dreibändigen Werk »Christus und die Religionen der Erde«, Wien 1951)

4
Formen und sinnliche Erfahrung

Formen und Begriffs-Assoziationen

Wir wollten wissen, was junge Menschen (beiderlei Geschlechts, Alter 20–25 Jahre, höhere Schulbildung) heute gedanklich mit bestimmten Formen verbinden, ob sich archetypische Grundmuster erkennen lassen und ob ihre spontan geäußerten Assoziationen mit der im vorigen Kapitel beschriebenen Symbolik übereinstimmen. Die Untersuchung wurde im Frühjahr 1988 bei 300 Personen durchgeführt. Nachfolgend stellen wir das Fazit der ausgewerteten Fragebögen vor, wobei zunächst eine allgmeine Charakterbeschreibung erfolgt, die Attribute wie positiv, negativ, männlich und weiblich umfaßt sowie die hauptsächlich genannten Zuordnungen. Danach kommt jeweils eine Auflistung der assoziierten Begriffe. Die Prozentsätze beziehen sich stets auf die Gesamtzahl der Testpersonen.

Kreis: Charakter sehr positiv 97 %, weiblich, Farbe Blau, zweite Farbe Rot, dritte Farbe Gelb.
1. rund 50 %, 2. Sonne 49 %, 3. Mond 22 %, 4. Ball 16 %, 5. Ring 15 %, 6. endlos 15 %, 7. geschlossen 14 %, 8. weich 14 %, 9. Ruhe 12 %, 10. Kugel 10 %, 11. Rad 9 %, 12. Blau 9 %, weitere 110 Begriffe unter 9 %.

Kugel: Charakter sehr positiv 99 %, weiblich, Farben: Gold, Silber, Weiß, Blau, ohne eindeutige Bevorzugung.
1. Ball 52 %, 2. rollen 50 %, 3. Erde 34 %, 4. rund 30 %, 5. glatt 25 %, 6. beweglich 16 %, 7. geschlossen 15 %, 8. vollkommen 15 %, 9. Billard 14 %, 10. Sonne 14 %, 11. schwer 12 %, 12. weiblich 10 %.

Quadrat: Charakter ambivalent, eher negativ (35 %), männlich, Farbe: Blau (20 %) und Rot (5 %).
1. eckig 45 %, 2. kantig 40 %, 3. Würfel 30 %, 4. blau 20 %, 5. gleichmäßig 18 %, 6. Tisch 13 %, 7. Haus 12 %, 8. Raum 10 %, 9. fest 10 %, 10. stabil 10 %, 11. hart 10 %, 12. vier 9 %.

Dreieck: Charakter: 40% negative Begriffe!, eher männlich, auffallend ist die Farbe Gelb (38% aller Nennungen), zweite Farbe Rot 5%.

1. spitz 43%, 2. Pyramide 40%, 3. gelb 38%, 4. Verkehrszeichen 37%, 5. Dach 21%, 6. Mathematik/Geometrie 20%, 7. dynamisch 12%, 8. aggressiv 12%, 9. Pfeil 11%, 10. aufstrebend 9%, 11. Berg 8%, 12. stabil 8%.

Fünfeck: Charakter sehr negativ (fast 90%!), unsympathischste aller Formen überhaupt, viele un-Worte, wird nicht geschlechtlich aufgefaßt, sondern ablehnend magisch, mystisch. Keine klare Farbzuordnung, gelegentlich wird Grün oder Violett genannt.

1. unregelmäßig 25%, 2. asymmetrisch 20%, 3. Stern, -zeichen 18%, 4. Mathematik/Geometrie 17%, 5. ungleich 16%, 6. USA, Washington, Pentagon 15%, 7. Haus 14%, 8. unruhig 12%, 9. Magie, Okkultismus 12%, 10. spitz 10%, 11. unharmonisch 10%, 12. ungerade 10%.

Achteck: Charakter ambivalent, vielen fiel dazu nichts ein, geschlechtsneutral, keine Farbzuordnung.

1. Verkehrsschild (Stop) 31%, 2. kreisähnlich, fast rund 21%, 3. viereckig 10%, 4. unübersichtlich 10%, 5. Wabe 9%, 6. Mathematik/Geometrie 8%, 7. Symmetrie 7%, alle anderen Begriffe unter 5%.

Kreuz: Charakter sehr negativ (80%!), geschlechtsneutral, Farbe eindeutig Schwarz, selten Rot.

1. Tod 60%, 2. Kirche 50%, 3. Glaube, Religion 48%, 4. Symbol, Zeichen 37%, 5. Kreuzung 35%, 6. Jesus 25%, 7. schwarz 22%, 8. Verkehr 20%, 9. Vampir 15%, 10. Nazi, Hakenkreuz 12%, 11. verboten 10%, 12. Christentum 10%.

Spirale: sehr positiv 85%, eher weiblich, mehrere Farben möglich.

1. unendlich 52%, 2. Verhütungsmittel 48%, 3. Feder, federn 35%, 4. Bewegung, beweglich 32%, 5. Wendeltreppe 28%, 6. Leben 20%, 7. Schlange 18%, 8. Metall 17%, 9. DNS 10%, 10. Schnecke 8%, 11. Tiefe 8%, 12. Kreise 8%.

Vertikale: sehr ausgewogen aufwärts-abwärts, eher positiv-aufwärts, eher männlich, keine Farbzuordnung.

1. aufstrebend 35%, 2. fallen 30%, 3. oben 21%, 4. schlank, dünn 20%, 5. Linie, Strich 18%, 6. unten 16%, 7. Baum 16%, 8. Höhe 16%, 9. statisch 15%, 10. Trennung 10%, 11. Himmel 8%, 12. Grenze 8%.

Horizontale: überwiegend positiv (90%!), etwas spannungslos, langweilig, Farbe Blau.

1. Ruhe 60%, 2. Horizont 42%, 3. Wasser, Meer 33%, 4. flach, eben

32 %, 5. grundlos 20 %, 6. langweilig 12 %, 7. Linie 10 %, 8. gerade 10 %, 9. schlafen, Bett 10 %, 10. Sonne 7 %, 11. blau 7 %, 12. gleichmäßig 6 %.
Bei einer Nach-Befragung richtete sich unser Interesse in der Hauptsache auf die drei Grundformen Kreis – Dreieck – Quadrat und deren farblichen Zuordnung. Dabei kam es zu folgenden Ergebnissen:

- Den Grundformen werden die Grundfarben zugeordnet, alle anderen Formen sind schwieriger farblich einzuschätzen, bzw. ambivalent.
- Der Kreis gilt als die ruhigste aller Formen, er ist in sich geschlossen und ausgeglichen, daher wird ihm auch die ruhigste aller Farben – nämlich Blau – zugeordnet. Wenn Gelb oder Rot genannt werden, so geschieht dies im Zusammenhang mit der Assoziation Sonne.
- Das Dreieck wird als gefährliche Form eingeschätzt: Man kann sich durch die spitzen Ecken verletzen usw. Die Farbzuordnung Gelb bzw. Rot geschieht aufgrund der aggressiven Anmutung dieser Farben.
- Ähnliches gilt für das Quadrat. Allerdings fällt auf, daß nun nicht – wie zu erwarten gewesen wäre – eine aggressive Farbe (z. B. Rot), sondern weitaus häufiger das ruhige, ausgeglichene Blau zugeordnet wird, was wohl mit dem stabilen, statischen Charakter der Form zu tun hat.

Wenn wir diese Ergebnisse mit den Einschätzungen vergangener Jahrhunderte vergleichen (z. B. Goethes Farbzuordnungen), so fällt auf, daß die Bewertung von Kreis und Dreieck in etwa gleich geblieben und lediglich ein Wertewandel beim Quadrat eingetreten ist: Goethe ordnete dem Kreis Blau, dem Dreieck Gelb, aber dem Quadrat Rot zu.

Formen, Farben, Hören und Fühlen

In einem weiteren Test (Sommer 1988, vergleichbare Testgruppe) wollten wir herausfinden, welche akustischen und haptischen Erlebnisse mit bestimmten Farben und Formen assoziiert werden. Um ein möglichst interessantes Ergebnis zu bekommen, wurden die Fragen mehrmals variiert (und nicht auf den ersten Blick als sinngleich erkennbar) gestellt, Fangfragen eingebaut sowie einige – inhaltlich nicht unbedingt zum Themenkreis gehörende – Ergänzungsfragen eingebaut. Nachfolgend (in stark konzentrierter Form) die Ergebnisse:

1. Im Inneren einer Kugel ist es eindeutig warm.
   Im Inneren einer Pyramide kalt (eine Minderheit hält warm für möglich).
   Im Inneren einer viereckigen Schachtel ist es ausgeglichen bis kalt.

2. Wie fühlt sich eine Farbe an?

Blau	=	glatt, hart bzw. weich, samtig
Rot	=	samtig, weich
Gelb	=	glatt, glitschig, weich, auch hart
Grün	=	glitschig, weich, stumpf, rauh
Orange	=	weich oder hart, oft rauh
Violett	=	samtig und stumpf
Schwarz	=	hart, oft glatt oder stumpf
Weiß	=	hart und glatt, manchmal auch weich
Grau	=	rauh, porös und stumpf
Braun	=	porös, weich und stumpf

3. Welche Farbe fühlt sich am angenehmsten an?
   1. Mit Abstand Blau und Violett (?)
   2. auch Grün und Rot

4. Welche Farbe fühlt sich am unangenehmsten an?
   1. Braun (trotz Kleidung, Möbel usw.!!)
   2. Schwarz
   3. Violett (die Farbe ist umstritten!!)
   4. Grau (trotz Mode!)

5. Mit welchen Farben und Eigenschaften verbindet sich Musik?
   a) Jazz ist gelb, schwarz oder blau, eckig, hart, aufsteigend
   b) Tango ist rot, violett oder schwarz, eckig, hart, eher horizontal
   c) Walzer ist blau, weich, rund, horizontal
   d) Marschmusik ist schwarz oder grau, eckig, hart, horizontal
   e) Rockmusik ist rot, schwarz oder gelb, eckig, hart, aufsteigend
   f) Reggae ist orange, gelb oder rot, weich, rund, horizontal
   g) Volksmusik ist grün und braun, sowohl eckig, hart als auch weich und rund, eher horizontal
   h) Orgelmusik ist violett oder blau, weich, rund, aufsteigend
   i) ein Posaunenchor ist gelb, eckig, hart, aufsteigend
   j) Harfenklänge sind blau, violett oder gelb, weich, rund, aufsteigend

6. Apfelsaft wird von Erwachsenen wie Kindern in einer dicken, bauchigen Flasche erwartet.
7. Glauben Sie, daß HiFi-Anlagen (ähnlich wie andere Haushaltsgeräte) auch rund sein könnten?
   Antwort: ja, kann man sich vorstellen.
   Würden Sie ein solches Gerät auch kaufen?
   Antwort (eher zögernd): ja, eventuell.

Form und Geschmack

In einem weiteren synergistischen Test wurde die Affinität bestimmer Formen zum Geschmackssinn untersucht und die Ergebnisse in ein Strömungsprofil gebracht.

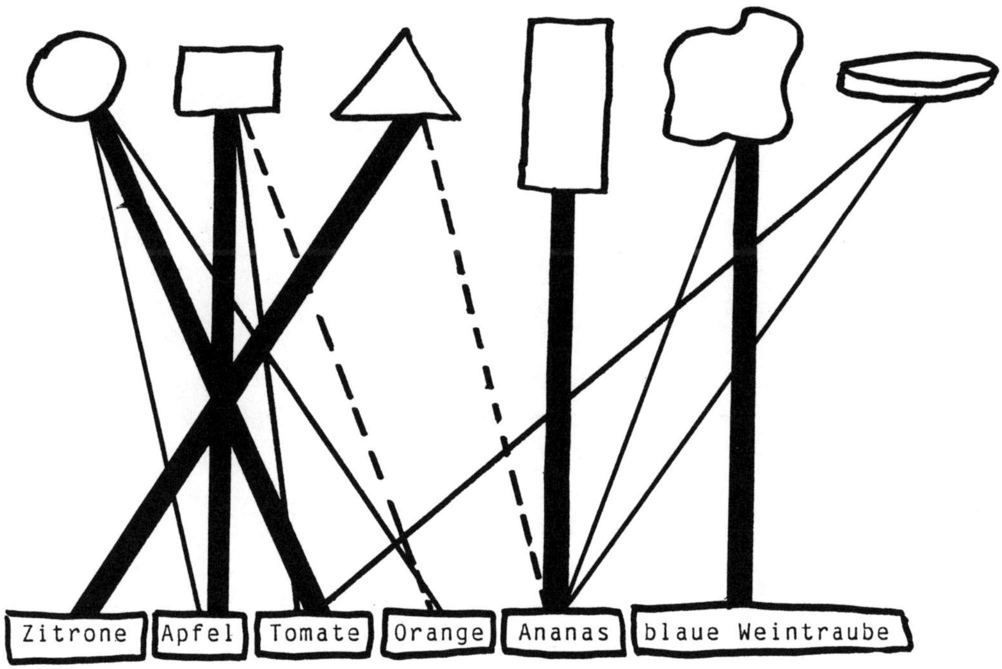

Abb. 152: Die unterschiedlichen Linienstärken zeigen den Grad der Affinität:
▬▬ = sehr starke Affinität
——— = mittlere Affinität
– – – = leichte Affinität

Die Ausgangssituation zu Testbeginn bestand darin, daß in sechs Trinkgläsern verschiedenartige (und entsprechend verschiedenfarbige) Säfte zum Betrachten und zur Geschmacksprobe bereitstanden, nämlich Zitrone, Apfel, Tomate, Orange, Ananas und blaue Weintraube. Ferner lag das dazugehörige Obst zum Betrachten und Befühlen bereit. Auf dem Tisch befanden sich außerdem folgende Körper aus Kunststoff: eine Scheibe, eine Kugel, ein Würfel, ein aufrechtstehender viereckiger Block, eine Pyramide und eine unbestimmte, amöbenartige Form.
Nach der ersten Testphase mußten die Teilnehmer auf vorbereiteten Schemabildern gemäß ihrer Einschätzung die jeweiligen Obstsorten mit den Formen durch Striche verbinden. Alle Schemablätter wurden ausgewertet und in das Strömungsprofil übertragen (Abb. 152).
Die Weiterführung dieses Tests könnte zu Überlegungen führen, die die Verpackungsform von Obstsäften betrifft. Abgesehen davon ergeben sich aber bereits schon jetzt gewisse Synästhesien, die durchaus bedenkenswert erscheinen.

Farbe, Form und Gesicht

Eine spezielle Untersuchung beschäftigte sich mit dem Einsatz bestimmter grafischer Zeichen (Punkt, Linie, Halbkreis) beim ikonografisch reduzierten Idealgesicht sowie dem Zusammenhang mit Farben. Zunächst stellte sich heraus, daß Mund und Augen ausreichen, um einen erkennbaren Gesichtsausdruck herzustellen. Im nächsten Schritt wurden Mund- und Augenformen durchgespielt, um eine Farbtypik herauszufinden.

Das Mund-Ergebnis:

Farbe	Form
Gelb	◡
Orange	◡
Grün	◡
Rot	◡
Blau	—
Violett	◠

Das Augen-Ergebnis:

Farbe	*Form*
Gelb	· ·
Orange	· ·
Grün	· ·
Rot	· · — —
Blau	· · — —
Violett	— —

Daraus formen sich in der Kombination folgende Gesichtstypiken:

Farbe	Form
Gelb	
Orange	
Grün	
Rot	
Blau	
Violett	

Wir erkennen auf den ersten Blick unseren Smily wieder, sehen aber auch, daß dieses Piktogramm ebenso in oranger oder grüner Farbgebung vorstellbar wäre. Ferner ergeben sich weitere typische Gesichts-Anmutungen, die als Piktogramm denkbar sind.

Formen und Emotionen

Eine sehr interessante Untersuchung geht von einer Arbeitsweise aus, die als erster Rudolf Arnheim einsetzte und »anschauliches Denken« nannte. Der Vorgang setzt voraus, daß keine der Testpersonen etwas vom Ablauf weiß, also möglichst spontan reagiert, und daß eine oder mehrere ausreichend große Testgruppen vorhanden sind, um es dem Auswerter leicht zu machen, aus der Quantität subjektiver Lösungen zu archetypisch definierbaren Gestaltformen zu kommen.

Testverlauf:

Man gibt jeder Testperson ein weißes Blatt DIN A 4 und läßt es dreimal, jeweils das Format halbierend, falzen. Dadurch erhält man, wenn das Blatt wieder auseinandergefaltet wird, acht gleichgroße Felder. Diese werden numeriert und mit Begriffen versehen, z.B.:

1. Wut (Abb. 153–170)
2. Freude (Abb. 171–188)
3. Friedlichkeit (Abb. 189–206)
4. Depression (Abb. 207–224)
5. Menschliche Energie (Abb. 225–242)
6. Weiblichkeit (Abb. 243–260)
7. Krankheit (Abb. 261–278).

Das achte Feld bleibt einer Lösung freier Wahl reserviert. Natürlich könnte man auch ganz andere, womöglich auf bestimmte Themen, Probleme und Aufgabenstellungen ausgerichtete Begriffe einsetzen. Es ist ratsam, ein Zeitlimit anzugeben, das zu Spontaneität zwingt, beispielsweise zwei Minuten für alle acht Lösungen. Nach dem Einsammeln der Blätter kann man nun das Format in acht Abschnitte zerschneiden und erhält auf diese Weise einzelne Begriffsfelder, die in der Sammlung interessante Rückschlüsse zulassen, Übereinstimmungen aufweisen und ein Gestaltungsraster erkennen lassen. Nachfolgend möchten wir – ohne vorweggreifende Interpretation – einige typische Lösungen aus diesem Versuch vorstellen. Betrachten Sie die Ergebnisse genau und versuchen Sie selbst, archetypische Grundformen zu entdecken. (Abb. 153–278)

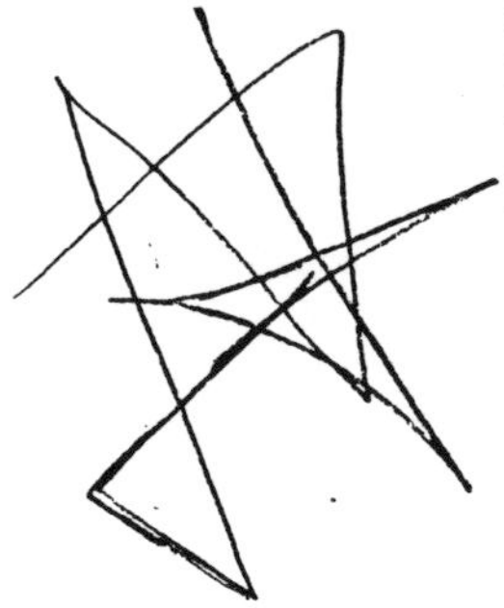
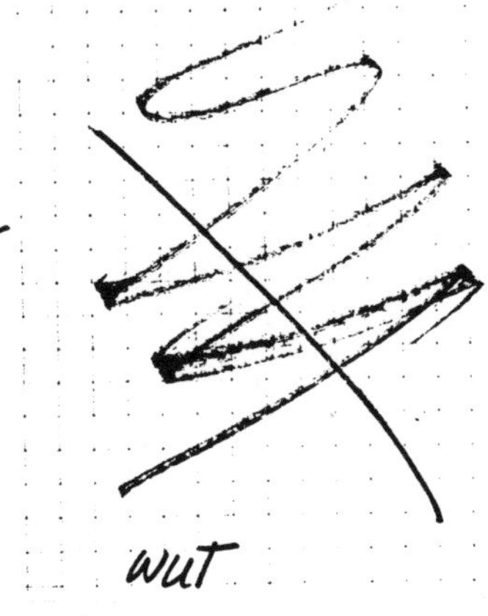

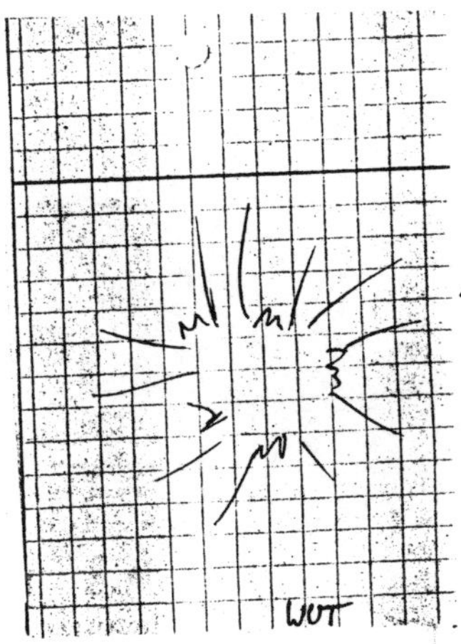

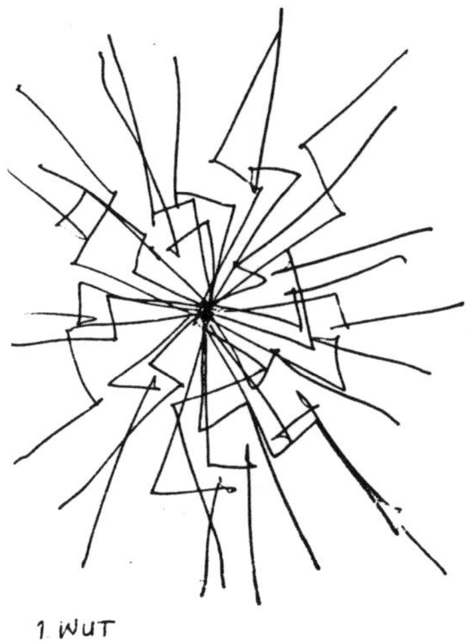

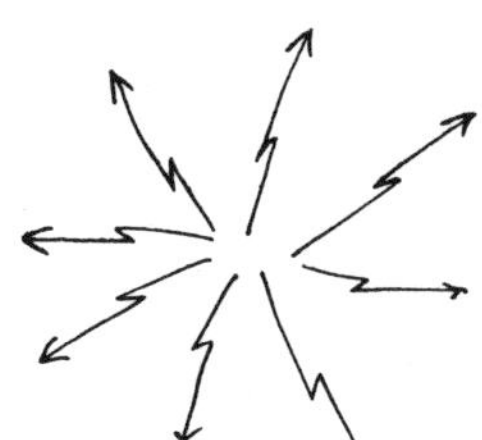
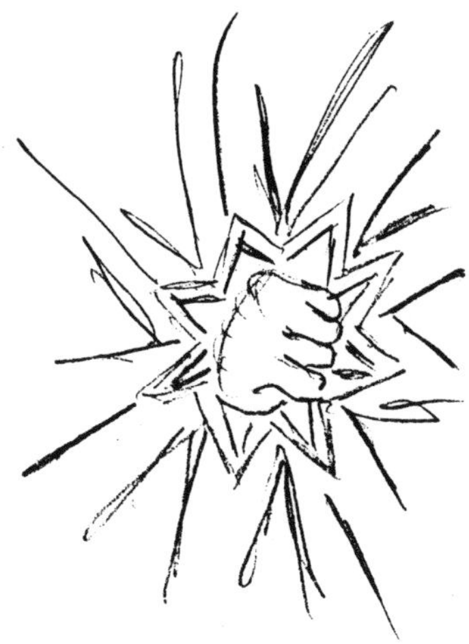

Abb. 153–161

Abb. 162–170

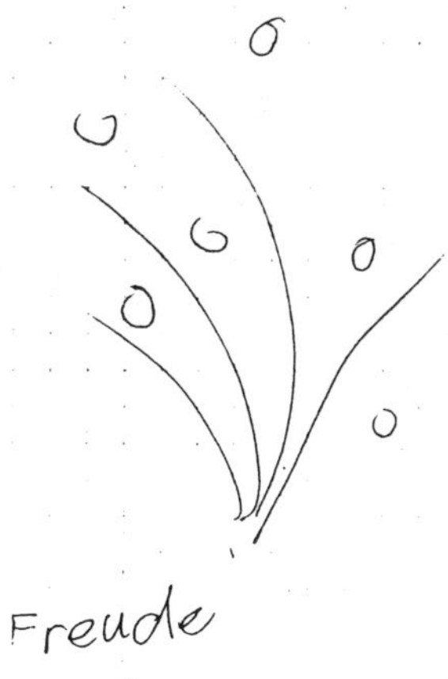

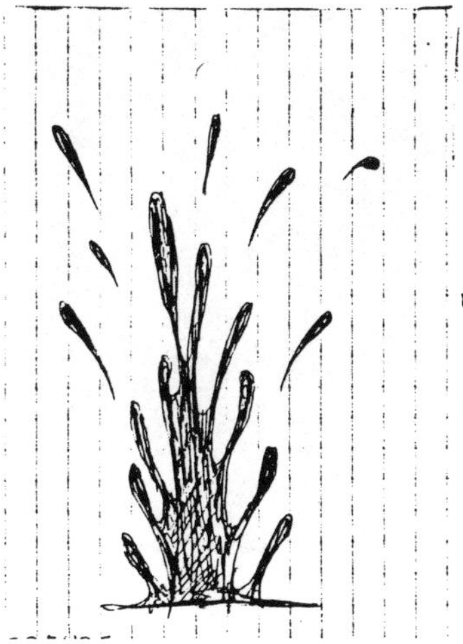

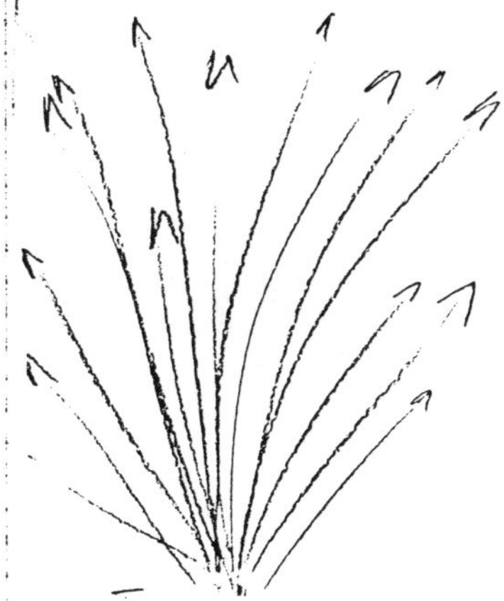

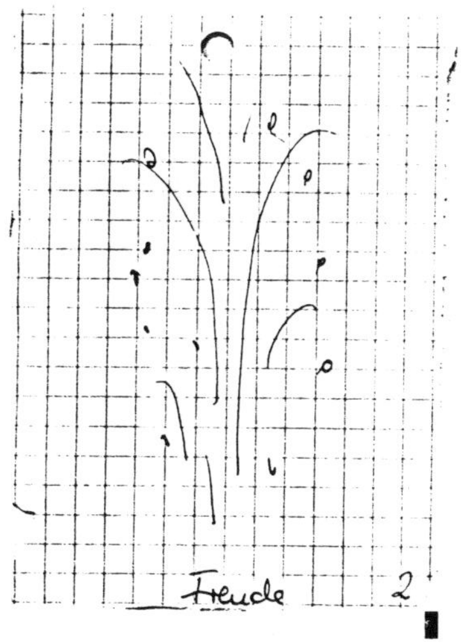

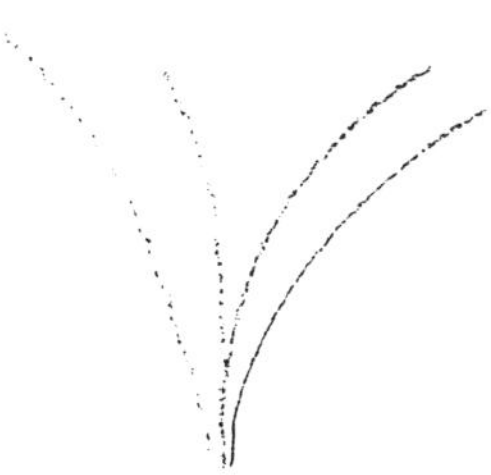

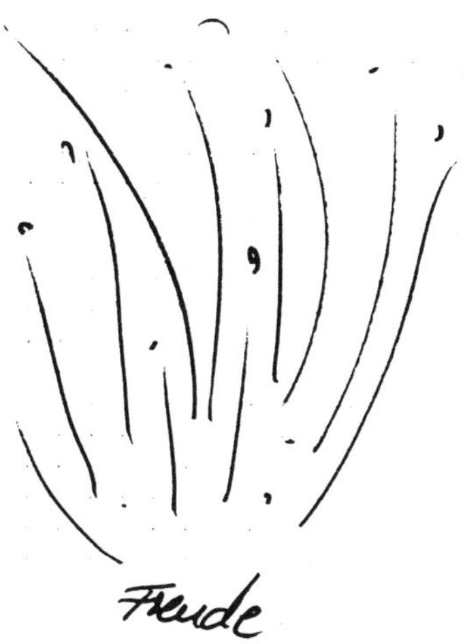

Abb. 171–179

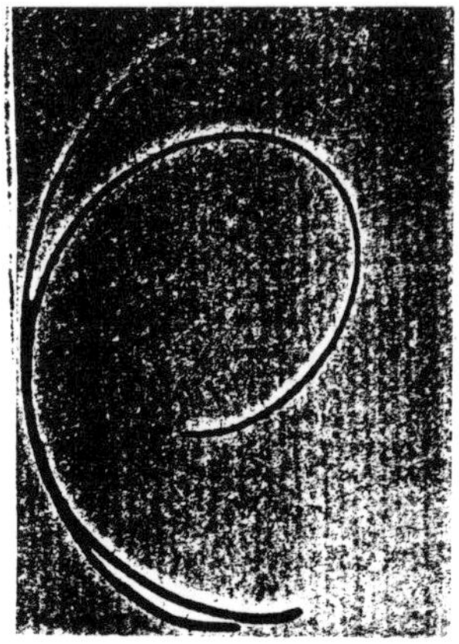

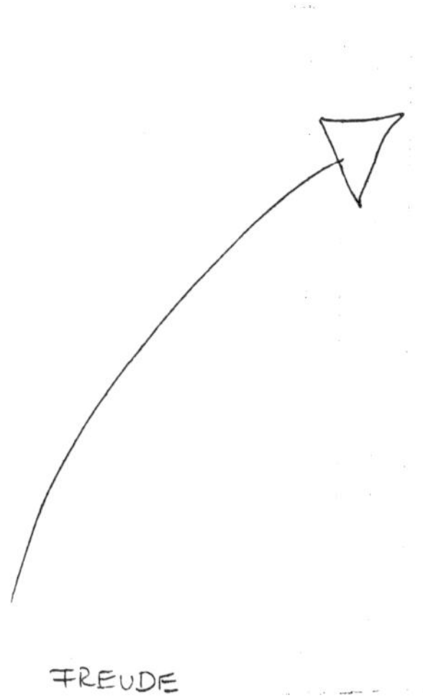

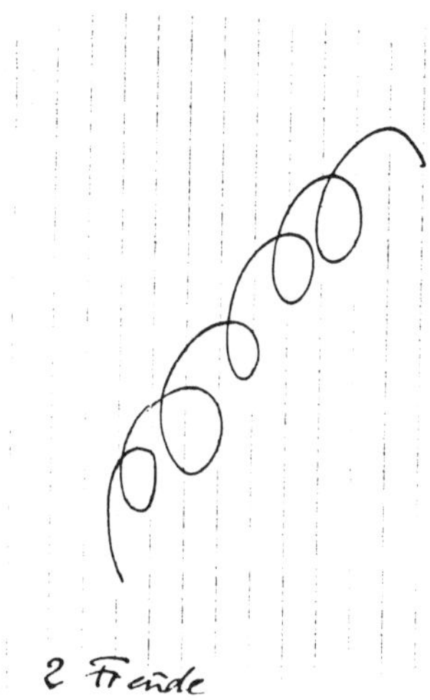

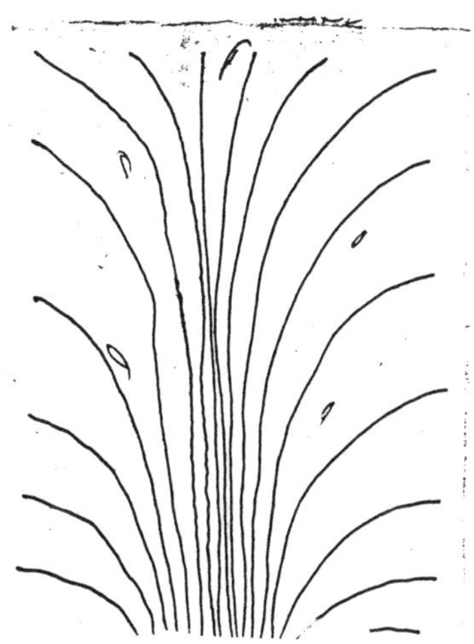

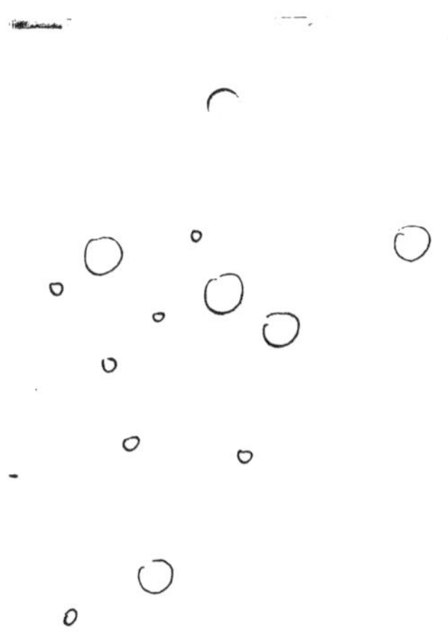

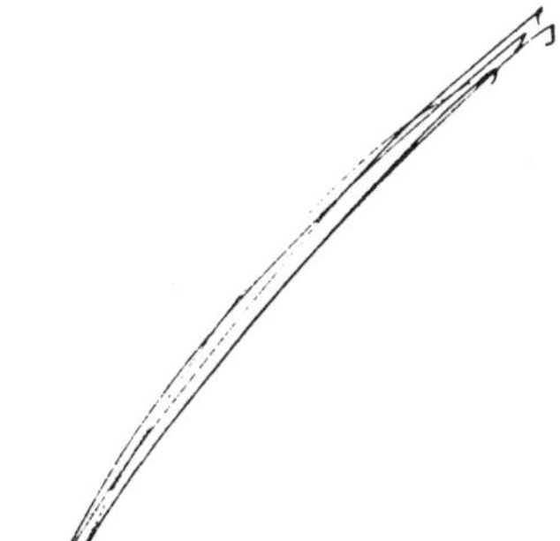

Abb. 180–188

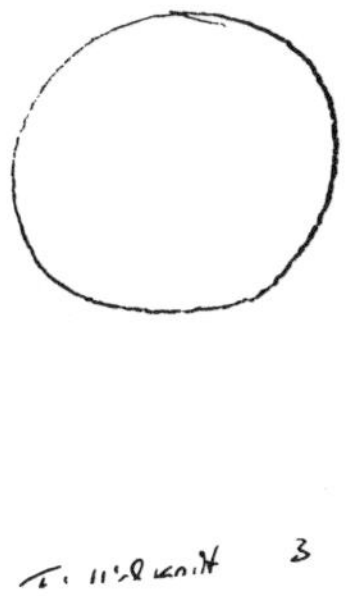

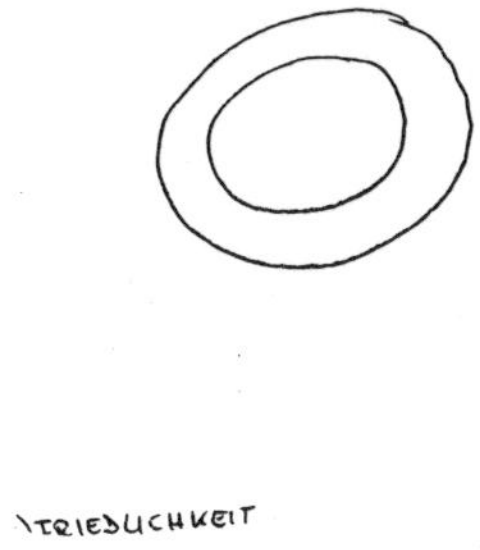
FRIEDLICHKEIT

3
Friedlichkeit

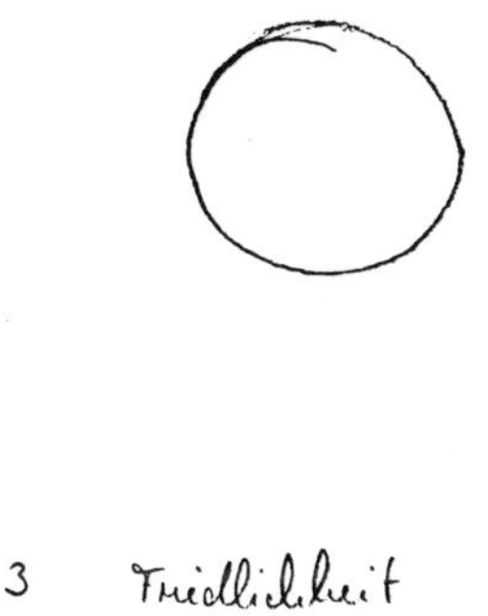
3
Friedlichkeit

3
Friedlichkeit

Friedlichk 3 Friedlichkeit

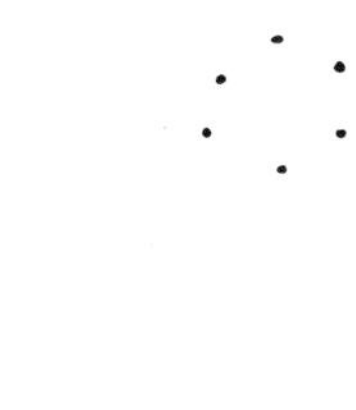

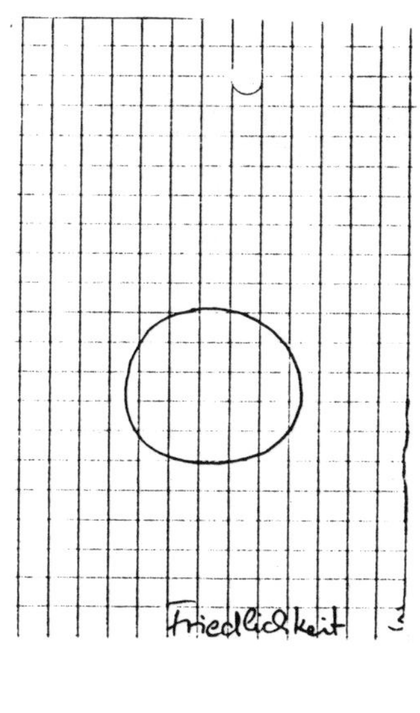
Friedlichkeit

Abb. 189–197

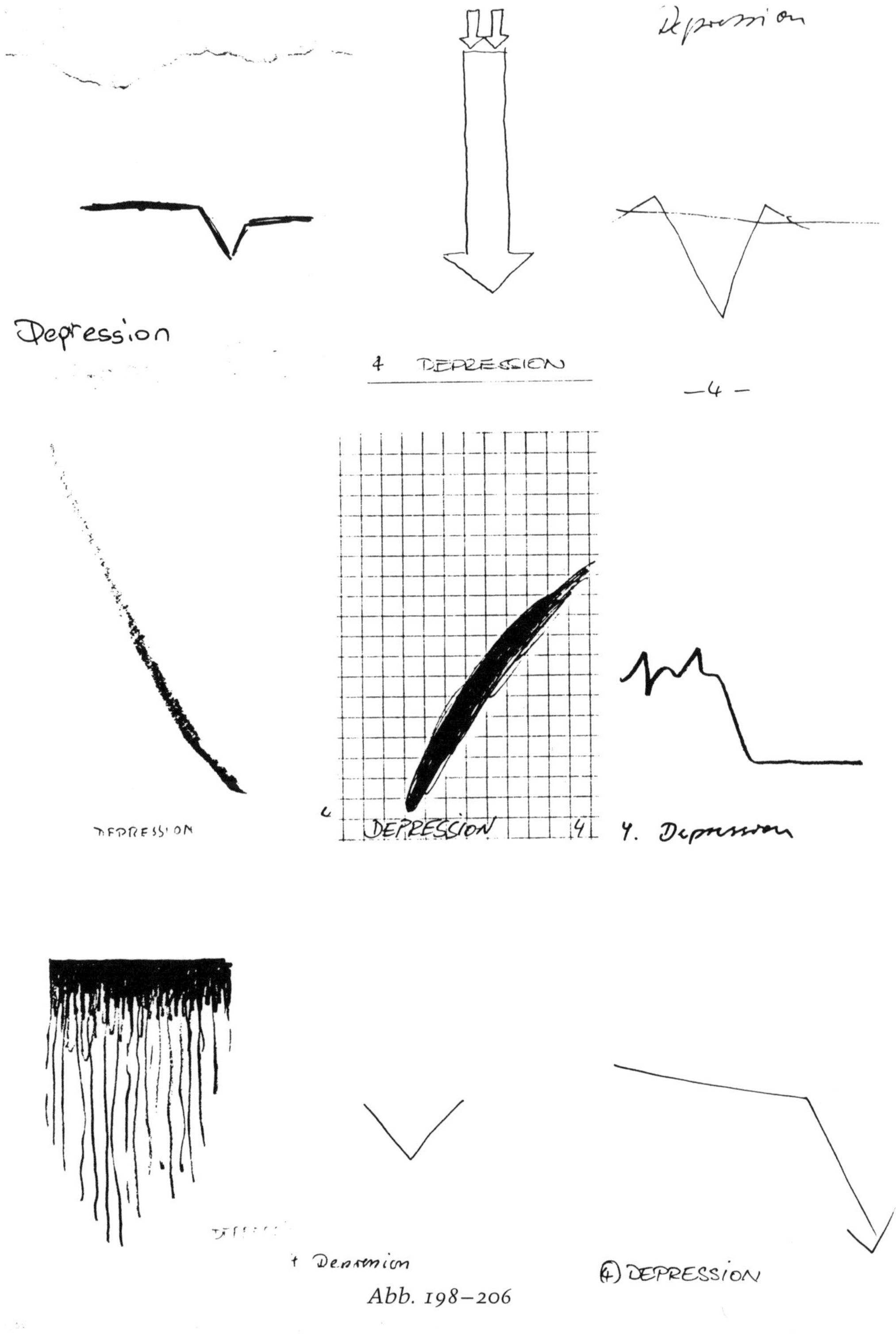
Depression
Depression
4 DEPRESSION
-4-
DEPRESSION
DEPRESSION 4
4. Depression
4 DEPRESSION

Abb. 198–206

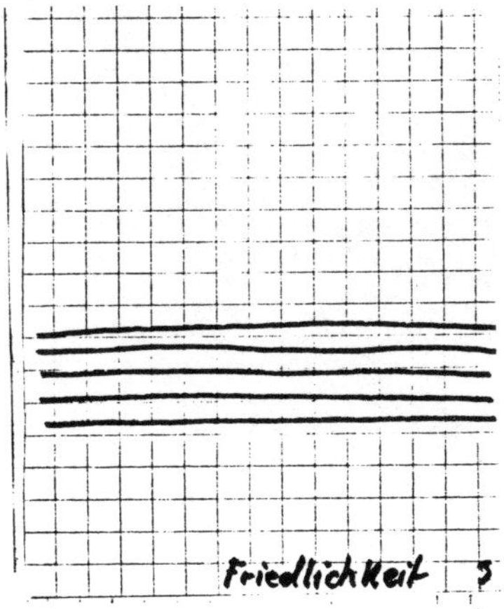
Friedlichkeit 3

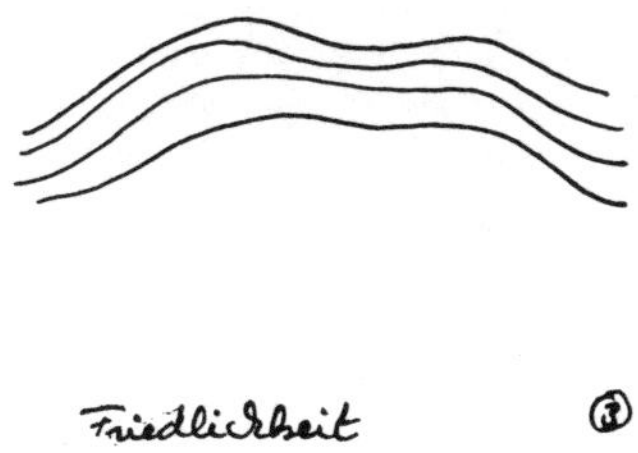
Friedlichkeit
③

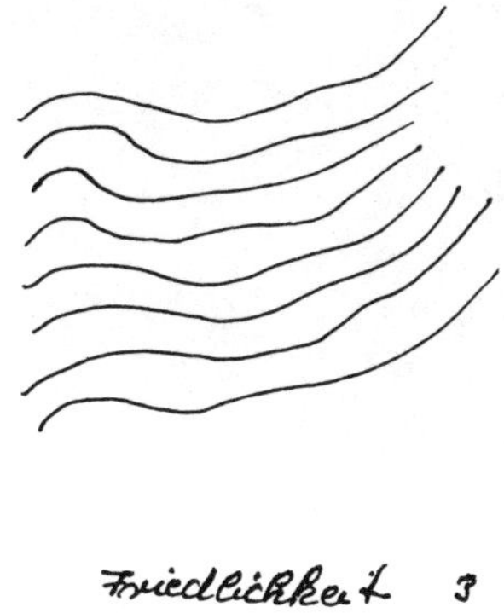
Friedlichkeit 3

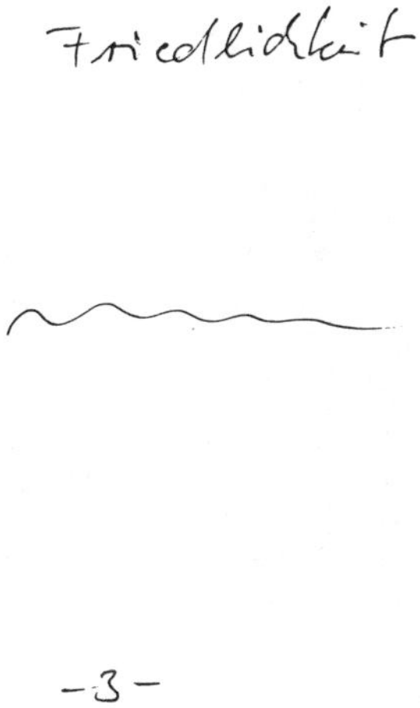
Friedlichkeit
-3-

3 Friedlichkeit

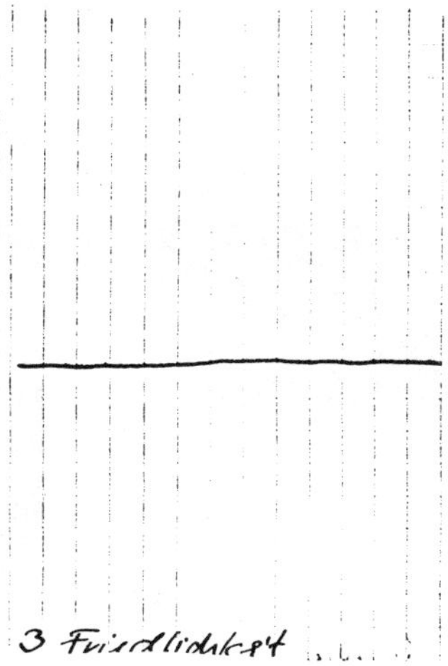
3 Friedlichkeit

3 FRIEDLICHKEIT

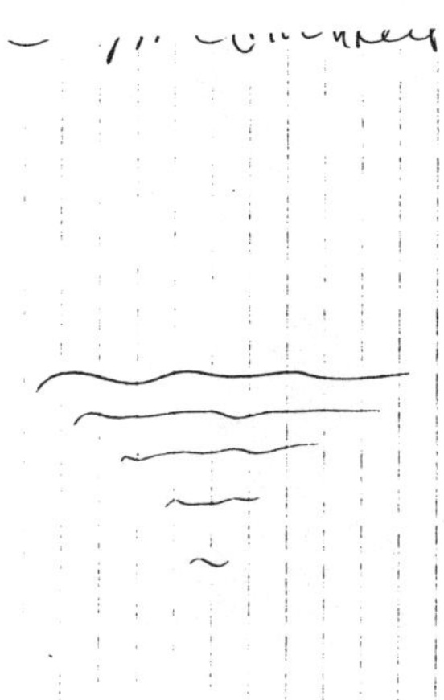

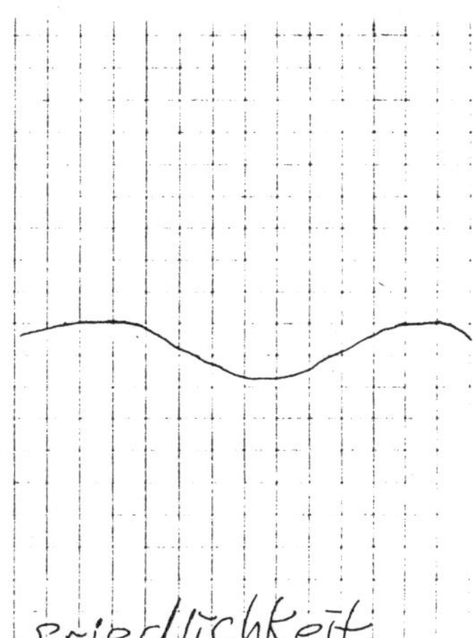
Friedlichkeit

Abb. 207–215

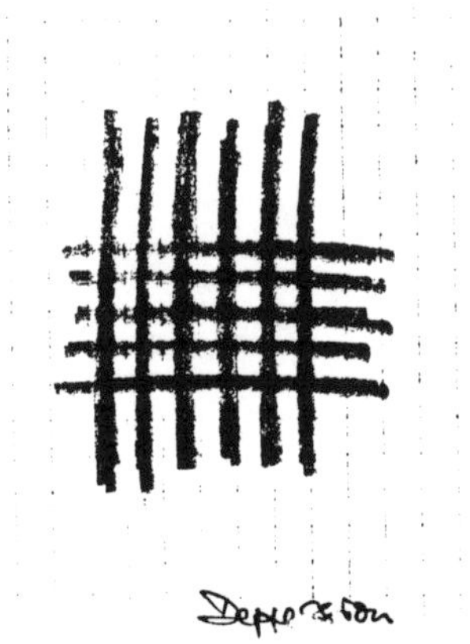

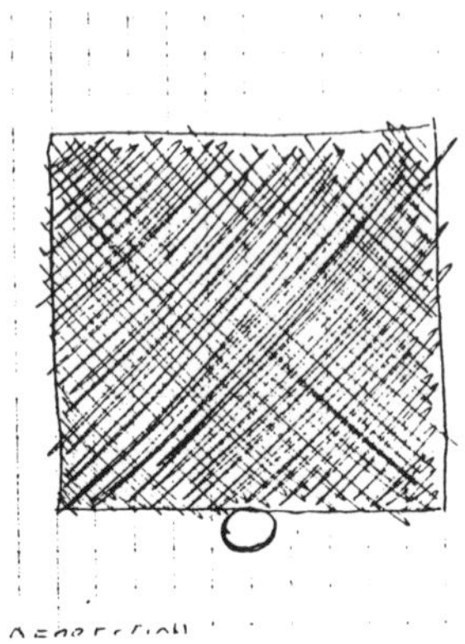

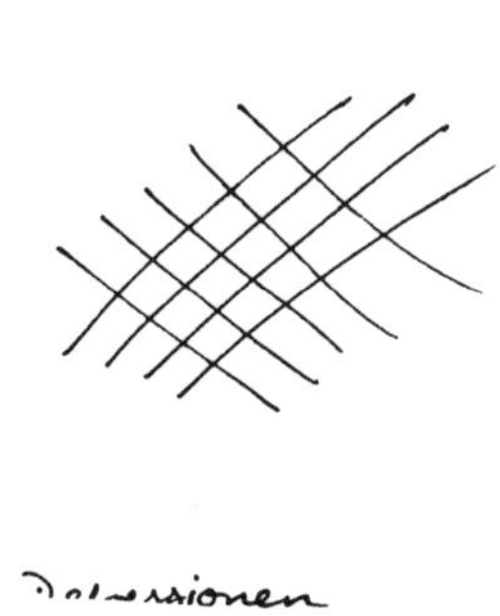

Abb. 216–224

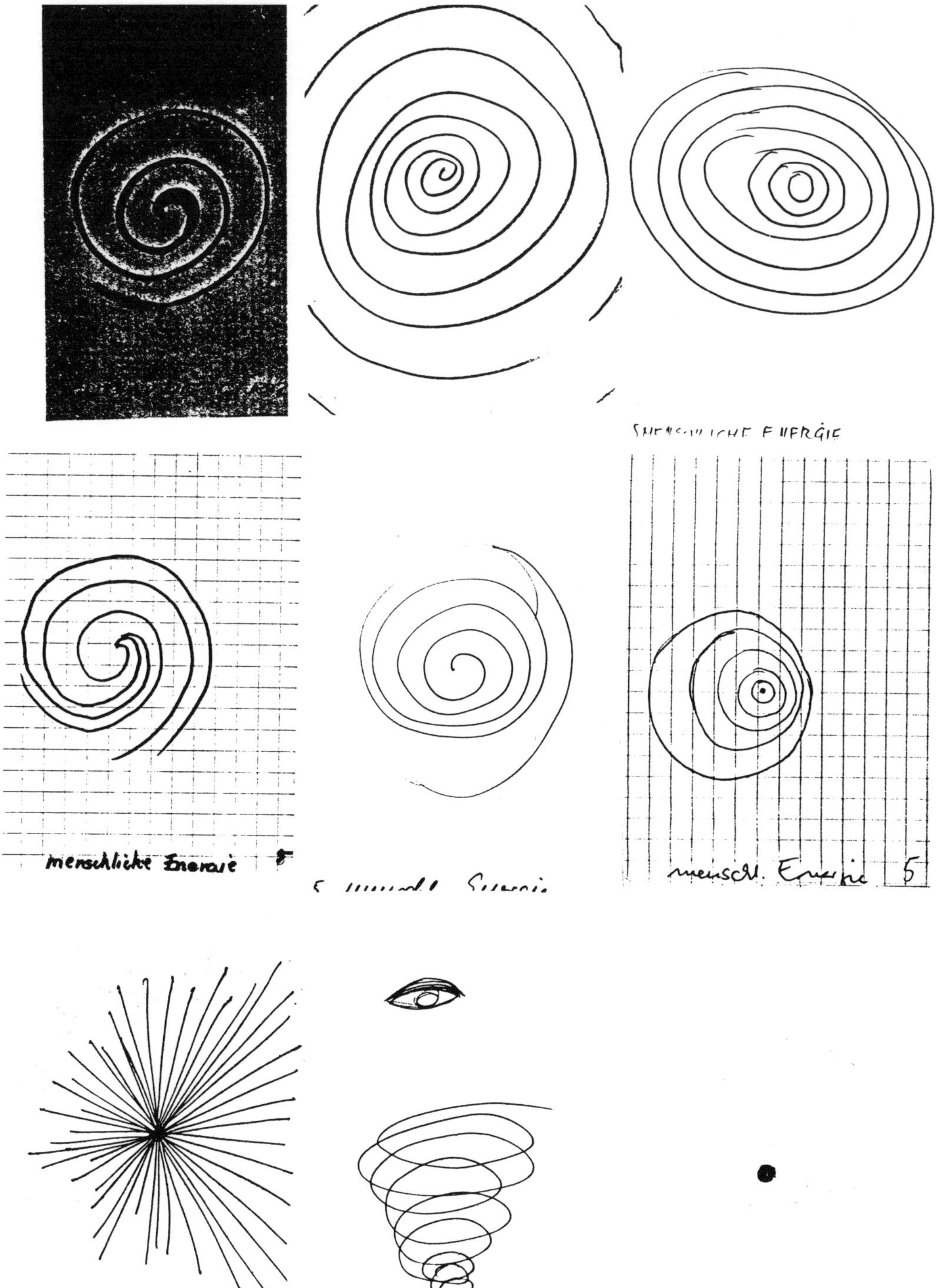
menschliche Energie
menschl. Energie 5
5. MENSCHLICHE ENERGIE
5) menschl. Energie

Abb. 225–233

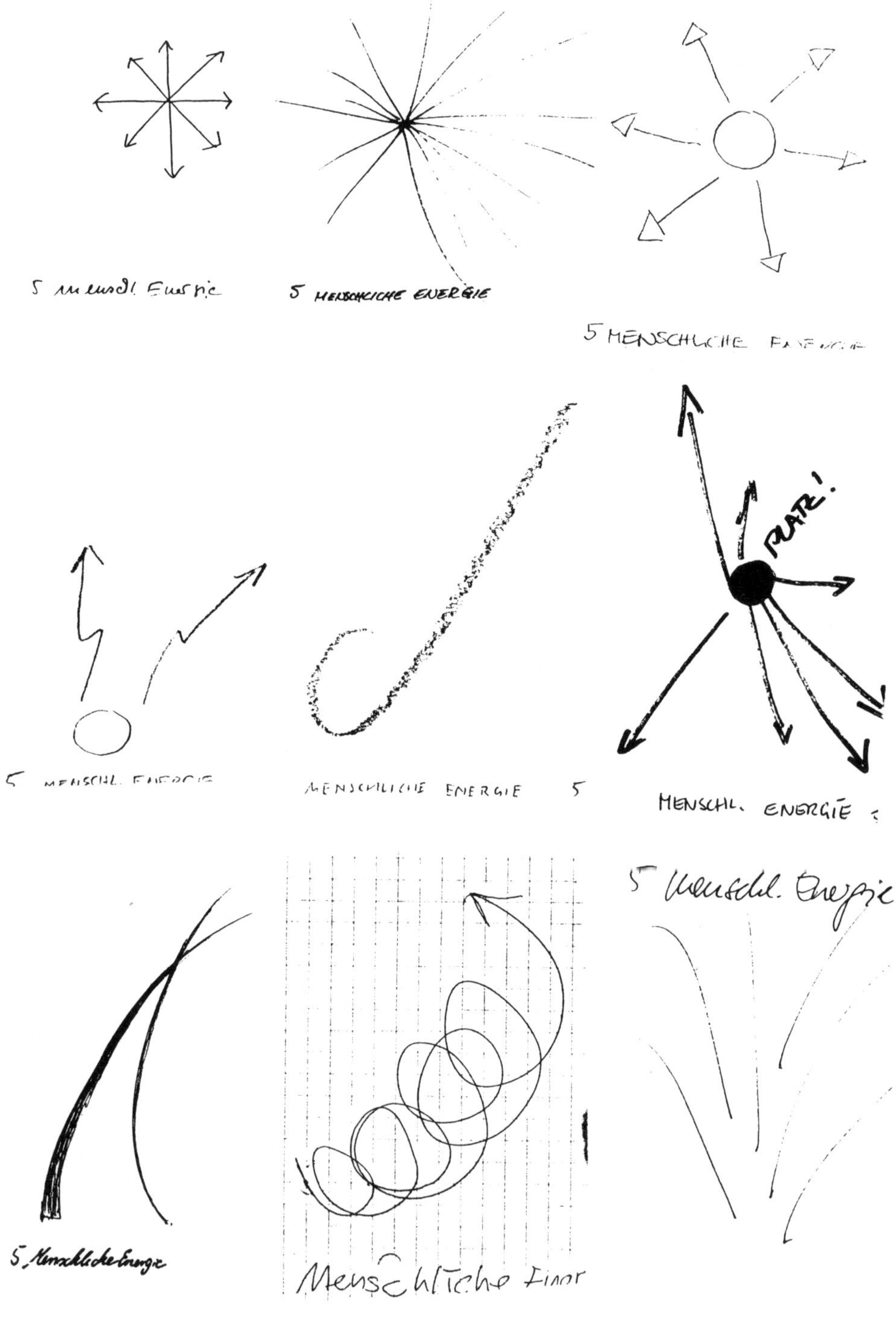
5 MENSCHLICHE ENERGIE
MENSCHLICHE ENERGIE 5
MENSCHL. ENERGIE
PLATZ!
5 Menschl. Energie
5 Menschliche Energie

Abb. 234–242

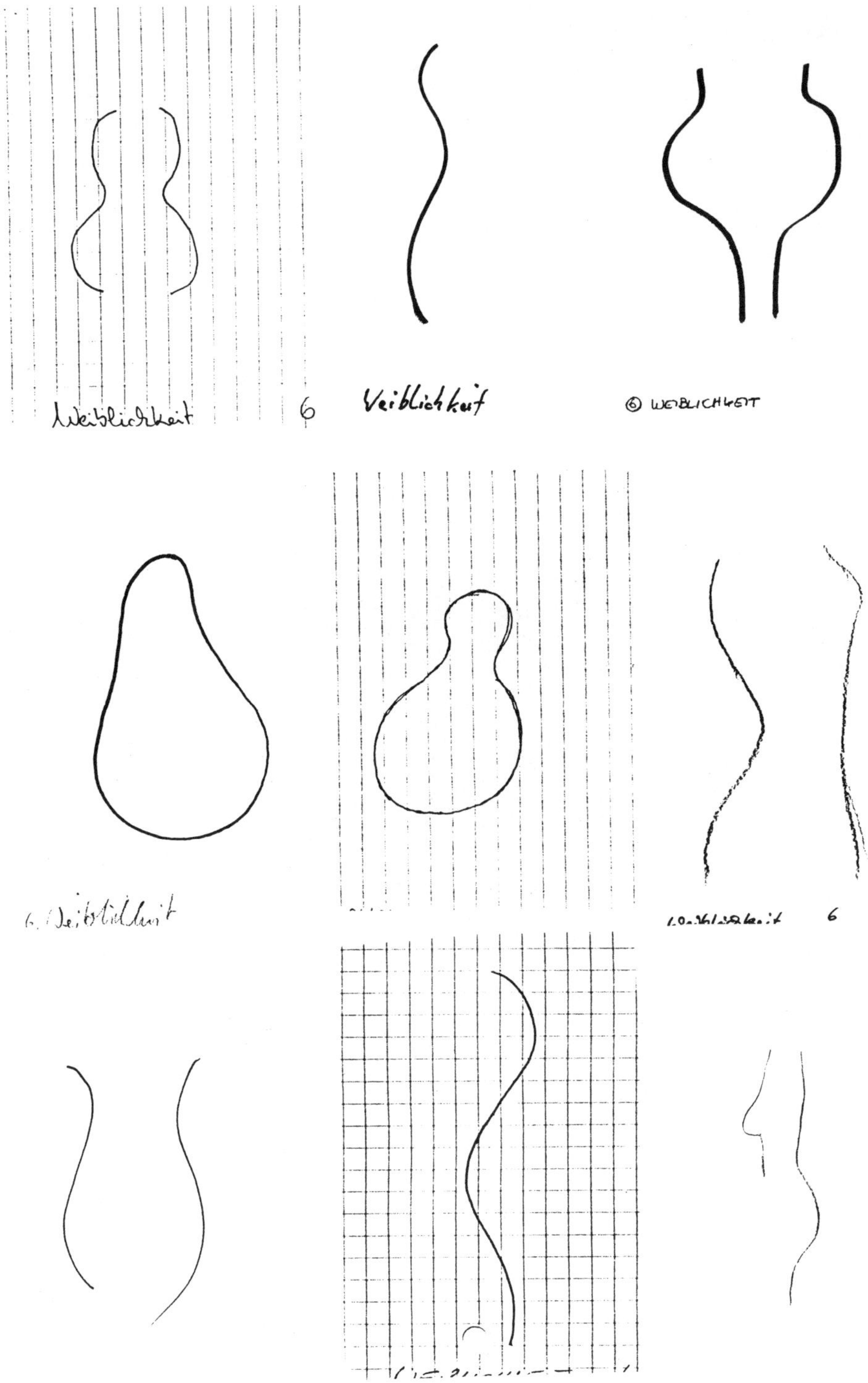

Abb. 243–251

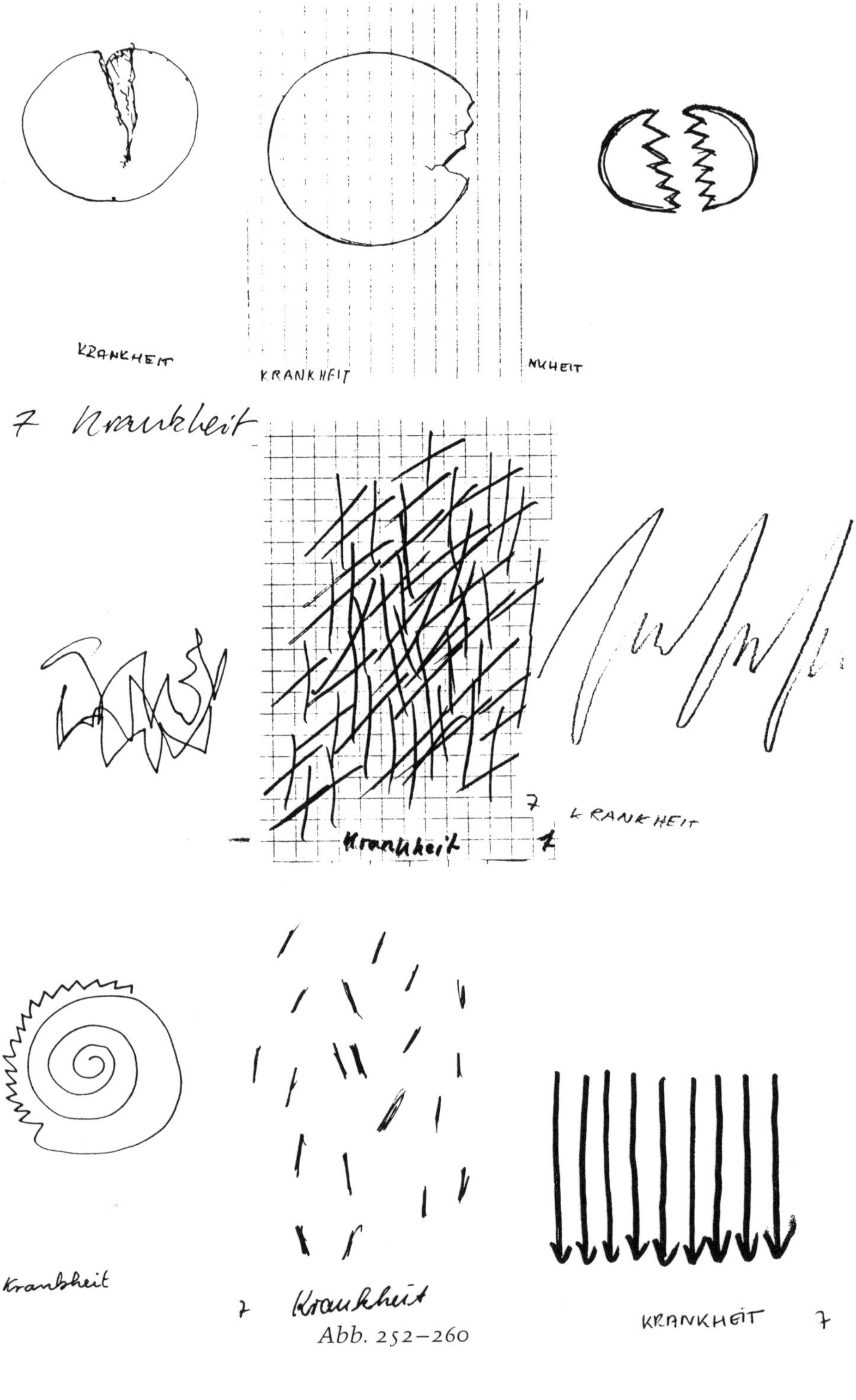
KRANKHEIT
KRANKHEIT
NKHEIT
7 Krankheit
7 KRANKHEIT
Krankheit 7
Krankheit
7 Krankheit
KRANKHEIT 7

Abb. 252–260

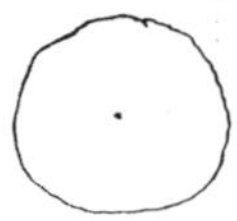

6 WEIBLICHKEIT

Weiblichkeit

6
Weiblichkeit

Weiblichkeit

WEIBLICHKEIT

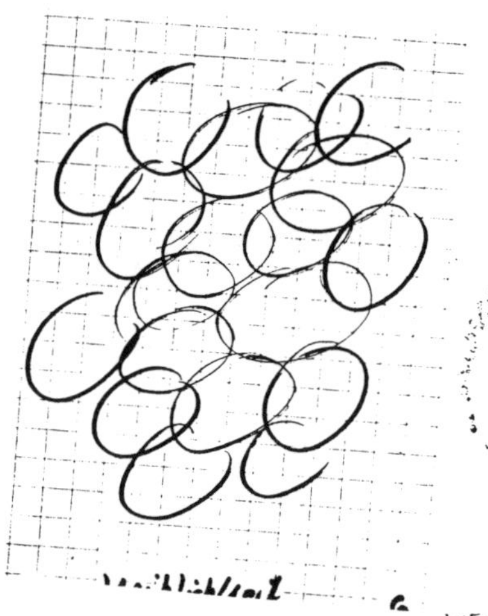

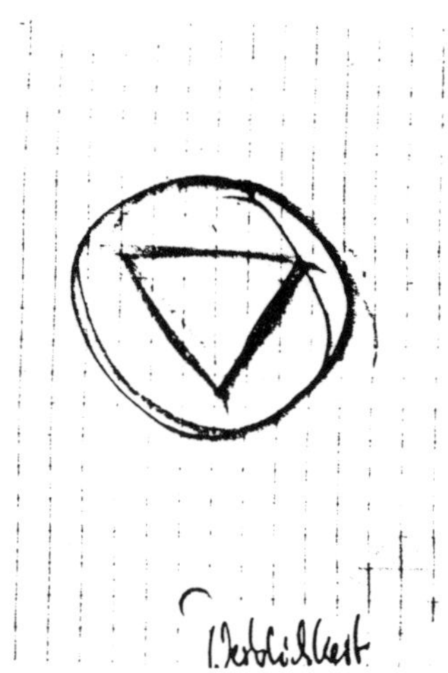

6 WEIBLICHKEIT

Abb. 261–269

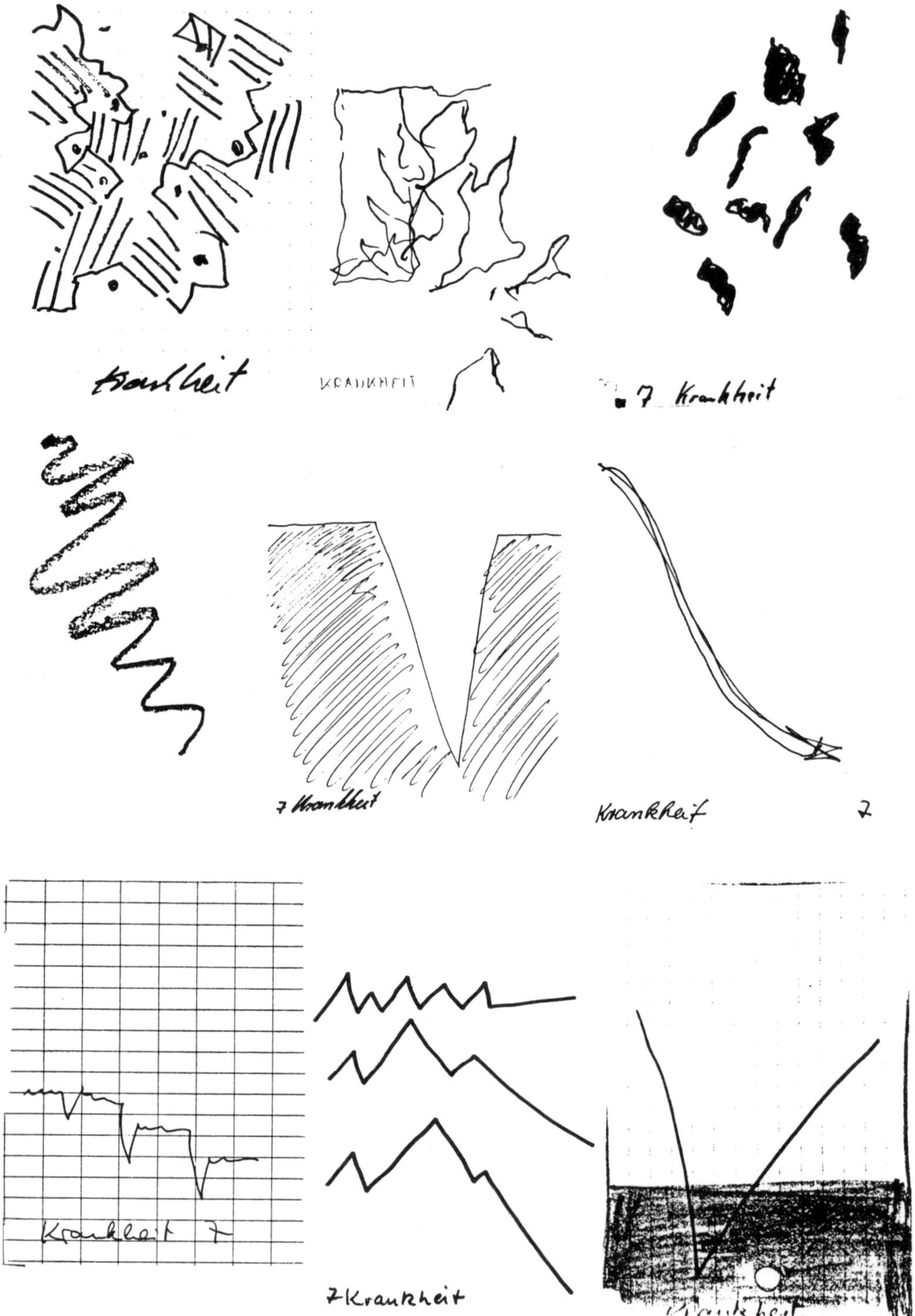
Krankheit
KRANKHEIT
7 Krankheit
7 Krankheit
Krankheit
7
Krankheit 7
7Krankheit

Abb. 270–278

Die Landkarte des Raumes

Raum als konkrete Erfahrung der uns umgebenden Außenwelt ist nie unbestimmt, nie endlos, sondern durch archetypische Vorstellungsbilder definiert. Wir können die Topografie des Raumes »lesen«, sie wird zur Botschaft mit eindeutig festgelegten Vokabeln und Sätzen, die uns Orientierung ermöglichen.

Mit dem Weltbild des frühen Menschen haben wir uns bereits an früherer Stelle beschäftigt. Drei Ebenen bestimmen das Sein: Mittelerde, Unterwelt (Hölle) und Himmel. Der Himmel wölbte sich wie eine Glocke über die Erde, über seine Wölbung fuhren Sonne und Mond ihre Bahn, wurden als »Fahrzeuge« der Götter betrachtet. Die Fixsterne mit ihren bildhaften Konstellationen waren Orientierungssignale für die Windrichtungen, die Navigation, zum Teil auch Markierungsmarken für den Kalender (Sirius im alten Ägypten usw.) oder Dreh- und Angelpunkt des gesamten Himmels überhaupt (die Venus im südlichen, der Polarstern im nördlichen Kulturraum). Die Erde wurde nicht als Kugel, sondern als gewölbte Scheibe aufgefaßt, ihre Tiefen als negatives Abbild des Himmels. Rings um die Erdscheibe breitete sich das Meer aus, symbolisch z.B. in der nördlichen Mythologie als Midgard-Schlange gedacht. In dieser Art, vom Menschen als Pol eines jeweiligen Kulturkreises betrachtet, wurden auch die frühen Weltkarten gezeichnet und behielten bis ins späte Mittelalter hinein ihre Bildsprache. Wir wissen zwar, daß die Erde Kugelform besitzt, haben alle schon einmal Aufnahmen unseres Planeten, aus dem Weltraum heraus fotografiert, gesehen, können uns aber den wahren Zustand, die Kugelform, nur äußerst schwer vorstellen. Was den konkret erfahrbaren Lebensraum um uns herum anbelangt, so sind die Vorstellungen davon allerdings noch immer von alten, archaischen Paradigmen geprägt; wir sprechen daher von einer archetypischen Dimension des Raumes.

Wir sind z.B. gewohnt, den linken Sehraum als Anfang und den rechten als Ende aufzufassen (siehe Abschnitt »Horizontale, Vertikale, Rechts, Links«). Die Bildfläche wird als Entwicklungslinie, die Bewegung im Raum als fließende Zeit interpretiert. Bekannt wurde (durch Michael Grünwald) z.B. ein Test, bei dem die Versuchspersonen den Punkt ihrer jetzigen Befindlichkeit (Status-Punkt) sowie eine Lebenslinie verdeutlichen sollten. Alle getesteten Personen entschieden sich dabei für den Standpunkt links unten (in anderen Tests lag dort auch ihre Geburt), eine von links unten nach rechts oben aufsteigende Lebenslinie (Resultante) sowie ein Ende, das rechts oben liegt. Diese Feststellung deckt sich mit den Erfahrungen der Fotografie, in der ebenfalls eine aufsteigende Diagonale als positiv, eine fallende als negativ betrachtet wird. Das nachfolgende Schaubild verdeutlicht zudem ein Ansteigen des Niveaus, das simultan zum Ablauf der Zeit steht:

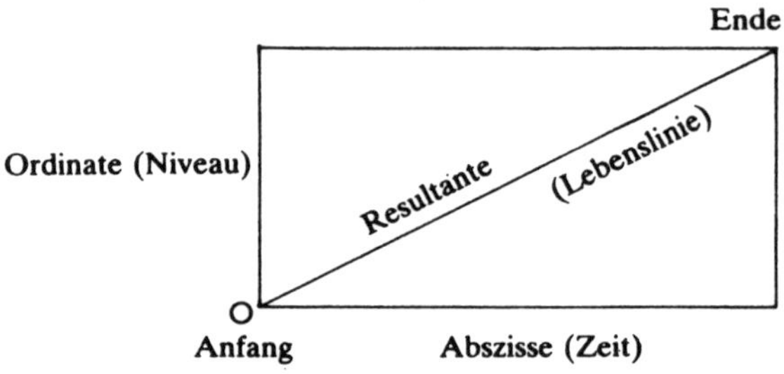

Abb. 279

Wenn wir die im Raumbild implizierte Bewertung von positiv-negativ berücksichtigen, so werden die dramaturgischen Assoziationen des Links-Rechts-Klischees (siehe noch einmal Abschnitt »Horizontale, Vertikale, Rechts, Links«, Wehrmachtsbeispiel) eindrucksvoll bestätigt. Das symbolische Raumbild entspricht zudem der Topografie der Psyche. C. G. Jung bezeichnete sie als die »Realitätsebene des Selbst«. R. Michel und Ingrid Riedel haben ein erweitertes Modell der Raumsymbolik geschaffen, das die Bedeutung von Bildflächen beschreibt. Ausgehend von einem Quadrat wird das linke untere Teilquadrat als Sitz des kollektiven Unbewußten bezeichnet (Raum der Tiefe). Dieser Sektor ist für Introspektion, die Hinwendung zum Unbewußten (Regression) und die Herkunft archetypischer Symbole zuständig und zugleich Entstehungsort jeglichen kreativen Potentials, das in die Zukunft weist – die aus den Tiefen des Unbewußten auftauchenden Bilder und Symbole besitzen nämlich nicht nur die Faszination der Erinnerung, sondern auch einen projektivistischen Aspekt, der zur Verwirklichung in neuen Manifestationen drängt.
Das Teilquadrat rechts unten umfaßt demgegenüber mehr den bewußtseinsnäheren Aspekt: Erdverbundenheit, Mütterlichkeit, Materie. Es ist die Zone der naturhaften Geborgenheit, des Vertrauens, des Eingebettetseins in den Urschoß der Natur. Beide Teilquadrate verkörpern zusammen die Symbolik der Tiefe. Die oberen beiden Teilquadrate stehen für die Symbolik der Höhe, zu der die Vorstellungen von Himmel, geistigem Prinzip und Gott gehören. Die Zone links oben repräsentiert das kollektive Überpersönliche, das ewig Gültige (alle Gottesbilder gehören dazu),

die Transzendenz. Die rechte obere Zone verkörpert das kollektiv Bewußte (solares Prinzip), es ist die Zuwendung zur äußeren Wirklichkeit und die Zielrichtung des Bewußtseins, das nach Befreiung und Selbstverwirklichung drängt (Progression):

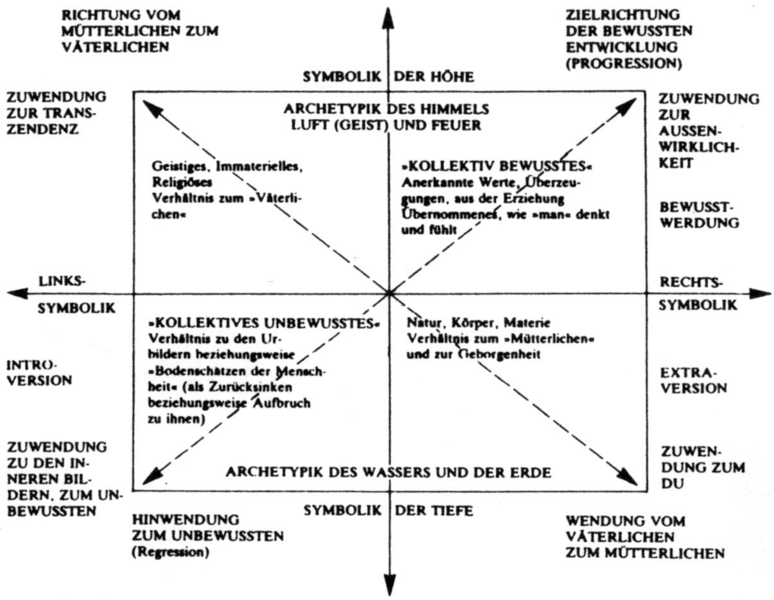

Kombinierte Raum-Symbolik (Eigene Weiterentwicklung des Modells von Rudolf Michel)

Abb. 280

Wir können dieses Schema aus dem Bereich der Psychologie getrost auch auf konkrete Raumsituationen im zweidimensionalen (Malerei, Film usw.) und dreidimensionalen Bereich (Architektur, Körperformen) übertragen. Die Sprache der Formen folgt nämlich sehr deutlich und bis ins Detail diesen Gestaltungsprinzipien; Kodierung, Semantik und Kommunikationsaspekte sind identisch, so daß wir bei jedem Betrachtungsobjekt mit dem gleichen Interpretationsmuster vorgehen können und zu vergleichbaren Assoziationen und Ausdeutungen gelangen: Ein urzeitliches Quellheiligtum, eine Höhle, Felsbilder mit magischer Bedeutungsaufladung entsprechen stets der Symbolik der Tiefe, wobei beide Innenräume des Menschen (regressive Meditation/Introversion bzw. Kulthöhlen von konkretem Nutzbezug für die Stammesgemeinschaft/Extraversion) angesprochen werden. Adäquat dazu ragen die Symbole der Höhe in den Himmel hinein: Die Bergheiligtümer, Kirchen und Kathedralen der Transzendenz bzw. die Hochhaustürme, die sich der Außenwirklichkeit

zuwenden, (Banken als Symbol der bewußten Entwicklung) oder die ins All drängende Expansion (Weltraumraketen, Kommunikationssatelliten).
Wir erkennen, daß die Topografie des Raumes sowohl eine qualitative wie auch quantitative sein kann, eine, in der sich Körper und Zeit, Materie und Geist in Übereinstimmung befinden, und machen zugleich die überraschende Entdeckung, daß wir uns dabei bereits im vierdimensionalen Raum bewegen. Formen und Körper sind mehr als nur ihre – zu einem willkürlich herausgegriffenen Zeitpunkt – feststellbare und nachmeßbare Erscheinung, sie bergen stets ihre eigene Entwicklung und Transformation in sich, transportieren Inhalte, die weit aus der Vorzeit stammen und weit in die Zukunft reichen.
Und nun können Sie das soeben Festgestellte an einem konkreten Beispiel aus der Praxis überprüfen: Die Visitenkarte, die aufgeklappt die Form einer abgeflachten Pyramide ergibt, bedient sich der Sprache der Formen, ohne auf unsere Regeln Rücksicht zu nehmen. Ist sie daher falsch gestaltet, führt sie kommunikativ in die Irre?

Abb. 281

Wir stellen zwei Aussagen zur Diskussion – entscheiden Sie selbst, welche nach Ihrem Gefühl die richtigere ist:
a) Die Blickführung wird durch das laufende Strichmännchen von rechts unten nach links oben gesteuert. In der Landkarte des Raums bedeutet dies zeitlich einen Rückschritt, räumlich die Hinwendung zum kollektiven Überpersönlichen, zur Transzendenz. Dies mag für eine religiöse Absicht genau richtig sein, ausgerichtet auf Unternehmensberatung führt die Botschaft aber in die Irre und verschenkt viel an dynamischer Kraft.
b) Die Spiegelung des westlichen Wachstumssymbols bricht gezielt mit kulturinhärenter Symbolik. Die Umkehrung der gewohnten Richtung bleibt fast unbemerkt, da sie als formgebendes Element der ganzen Karte

eingesetzt wird. Auf diese Weise wird der quantitative Blick sehr subtil in einen qualitativen transformiert. Dem Betrachter eröffnet sich damit ein Angebot unkonventioneller Problemlösung (Wilko Helms).

5

Die gebaute Form

Vier Wände und ein Dach?

So wie das versteinerte Schneckenhaus einen identischen Abguß der lebendigen Schnecke darstellt, so sind auch unsere Bauten lebendige Abgüsse versteinerter Gedanken und Empfindungen ihrer Erbauer – aus dem Fels gearbeitete Behausungen, mit den Händen aus Lehm geformte Hütten, aus Buschwerk geflochtene Unterschlüpfe.
Das Baumaterial mit seinem uns unbekannten Verhältnis zur Vergangenheit und zur Zukunft ist das Verbindungsglied zwischen den Epochen. Wandelbar in seiner Struktur, wiederverwendbar in unterschiedlichen Konstellationen, definiert es seinen eigenen Zeitbegriff und somit den des Bauwerkes.
Keine andere schöpferische Kraft ist so eng mit dem Raum und der Zeit verbunden wie die Architektur. Sie erschafft neue existente Räume, die der Mensch betreten kann. Die ägyptischen Tempel oder die gotischen Kathedralen wurden jeweils von vielen schöpferischen Gedanken über Generationen hinweg geformt. Aus solchen Gebäuden erfahren wir mehr als nur den Baustil und den Zweck der Nutzung: etwas über das Wesen einer sozialen Gemeinschaft.
Für die Menschen der Gegenwart ist das Haus ein Besitzgegenstand. Man kauft oder mietet es, benutzt es und veräußert es ohne eine innere Bindung. Die vorgefertigten Hauseinheiten aus der Fabrik entsprechen dieser Lebenseinstellung. Bis vor wenigen Jahren schufen mehrere Generationen an einem Haus – dem »Haus der Familie«. Die Sprache der Bauten und ihre ideelle Bindung zur Gemeinschaft schlugen sich in der Sprache der Menschen nieder. Man kam aus »gutem Hause«, Familie und Haus waren eine untrennbare Einheit. »Haus und Hof« zu verlassen, bedeutete nicht nur Obdachlosigkeit, sondern auch Entwurzelung. Von Babylon bis heute versuchen die Herrscher ihre Macht in gigantischen

Bauwerken zu dokumentieren. Die Gottkönige Ägyptens nannten sich Pharao, das heißt »großes Haus«. Eine Festung wurde »geschleift«; seit Anbeginn der Geschichte zerstörte man nach der kriegerischen Niederlage das Haus seines Gegners. Erst dann war der Sieg endgültig.
Wir bauen unseren unsichtbaren Göttern Häuser und glauben, sie leben in Gebäuden, die unseren ähnlich sind. Tempelanlagen in Mesopotamien oder auch Griechenland weisen große Parallelen zu den damaligen Wohnbauten auf. Unser »Kirchenschiff« findet seinen Ursprung wahrscheinlich in schiffsförmigen Steinsetzungen vorchristlicher Kultplätze, die dann von Missionaren bei der Christianisierung als Versammlungsplatz weitergenutzt wurden. Seinem Gott begegnete man an einem lebensprägenden Ort, dem Schiff. Dieses Eingeständnis christlicher Priester an die »heidnischen« Ursprünge der an Naturgötter glaubenden Gemeinschaften erleichterte die Annahme des neuen Glaubens.
Der Idafe, der heilige Berg auf der Kanareninsel La Palma, ragt hoch über der Insel empor. Die Guanchen, die Ureinwohner der Insel, lebten in ständiger Furcht, das Dach der Welt könne auf sie herabstürzen, da der Vulkanschlot die Aufgabe habe, den Himmel zu stützen. Genaue historische Aufzeichnungen berichten über Rituale von Tieropfern, die den Idafe besänftigen sollten... Unter Gesängen näherten sich ausgewählte Männer der Himmelssäule und beschworen sie. – Wirst du fallen, Idafe? Gib ihm, was du hast, und er wird nicht fallen!
Wir sprechen sogar von Raum, wo es keinen Raum gibt. Im Turmbau zu Babel symbolisiert sich der Drang des Menschen, über eine große Treppe das Reich Gottes zu erreichen.
Der »Weltraum« oder der »Zeitraum« beschreibt ein Gebilde, dessen Existenz in unserer Phantasie mit der Vorstellung von Raum verbunden ist. Der Drang, den Raum zu gestalten, zu bauen und zu bewohnen, ist eine der stärksten Antriebsfedern unserer Zivilisation.

Von der Höhle zur gebauten Form

Da aus der Epoche der ersten Menschen natürliche Höhlen als einzige Behausungen erhalten sind, könnte man vermuten, daß diese die älteste Art von Wohnungen darstellen. Das Vorkommen natürlicher Höhlen auf der Erde ist jedoch verhältnismäßig selten und auf vereinzelte Landstriche beschränkt. Spuren ehemaliger Besiedlung erstrecken sich weitgehend nur auf den Eingangsbereich. Auch wegen der Feuchtigkeit im Inneren kann man davon ausgehen, daß Höhlen nicht als ständige Wohnungen, sondern als vorübergehende Verstecke benutzt wurden. In den Gebieten, in denen keine solche Unterschlüpfe oder Schutzfelsen vorhanden waren, mußte der Mensch sich und sein Feuer anderweitig gegen die Witterung schützen. Hierin liegt die Antriebskraft zur kreativen Gestaltung seiner Behausung. Die Bewahrung des Feuers und damit verbunden das Überleben der Gemeinschaft waren ihre wesentlichen Aufgaben. Das Haus als Privathaus hatte keine Bedeutung. Vielmehr war es Teil einer übergeordneten Stammesgemeinschaft. Gemeinsam wurde es erschaffen und gemeinsam genutzt. Der Mensch gestaltete seine Umwelt so, wie er sich in ihr erlebte. Dies findet seine elementarste Darstellung in der Art, wie er baut.

Im Verständnis der Sprache der Bauten dürfen wir nicht nur die Fragen stellen, wie das Gebäude errichtet wurde und welche Materialien eingesetzt wurden, oder in welchem Stil, wann und zu welchem Zweck es erschaffen wurde.

Vielmehr gelangt man durch die Fragen »Warum ist dieses Bauwerk gerade so gestaltet worden? Welches Raumgefühl vermittelt seine architektonische Form?« zu Erkenntnissen, die neue Ansätze zum Verständnis einer Epoche vermitteln.

Doch gehen wir in folgender Aufstellung zunächst den herkömmlichen Weg der konstruktiven Betrachtung archaischer Bauformen an heute noch existierenden Bautechniken.

Die Halbkuppelhütte:

Die Keimzelle des Rundbaus liegt im gebogenen, halbrunden Wetterschirm. Neben solchen künstlichen Hütten verwendete man gelegentlich auch lebendes Buschwerk als Schutz. Überflüssige Äste wurden entfernt, die übrigen zur Wetterseite hin verflochten und heruntergezogen. Die Zwischenräume verstopfte man mit Reisig, so daß ein niedriges Schutzdach entstand.

Abb. 282

Die Halbkuppelhütte ist eine künstliche Nachahmung der noch halb natürlichen Form. Hierbei werden

abgebrochene Zweige und dünne Stämmchen bogenförmig in den Boden gesteckt. Diese werden an der Spitze zusammengezogen und miteinander verflochten.
Es entsteht eine einfache, schnell errichtete Unterkunft für nomadisierende Jägerkulturen.

Die Halbkegelhütte:

Abb. 283

Sie ist als eine klimatisch bedingte Abwandlung der Halbkuppelhütte aufzufassen. Mangels eines biegsamen Rutengerüstes wurde dieses durch starre Stangen ersetzt.

Die gebogene Windschutzwand:

Abb. 284

An bestimmte klimatische Voraussetzungen ist schließlich noch eine andere Abwandlung der Halbkuppelhütte gebunden. In niederschlagsarmen Gegenden verzichtete man auf das Zusammenbinden der oberen Zweigenden. So entstand die gebogene Wand als Windschutz.

Die Kuppelhütte:

Abb. 285

Eine Weiterentwicklung des halbkreisförmigen Wetterschutzes ist die wandlose Rundhütte.
Dieser Hüttentypus besteht sowohl aus organischen als auch aus anorganischen Stoffen, was aber klimatisch bedingt ist.
Die Schneekuppelhütten der Eskimos oder die Kuppelhütten-Zelte der Waldindianer mit spiralförmig aufgelegter Rinde sind nach diesem Konstruktionsprinzip angelegt.

Ob die Kuppelhütte durch einfache Erweiterung nach vorn oder durch Zusammenschieben zweier Halbkuppel- bzw. Halbkegelhütten entstanden ist, kann nicht nachgewiesen werden.

Die Kegelhütte:

Abb. 286

Sie besteht aus einem kreisförmigen Stangengerüst. Dieses wurde mit Rinde, Matten, Fellen o.ä. umkleidet. Je nach Bedarf konnte sie zusätzlich noch durch Erde oder Schnee abgedichtet werden. Die Kegelhütte entstand in der Zone der Nadelwälder, wo es an biegsamen Ruten mangelte und man statt dessen auf die Verwendung starrer Stangen auswich.

Das Kegeldachhaus:

Abb. 287

Die Entstehung des Kegeldachhauses kann man sich durch Unterschieben eines zylindrischen Wandkörpers unter die Kegelhütte vorstellen. Das Haus gewinnt an Volumen und Höhe.

Das Flachdachhaus:

Abb. 288

Beim Flachdachhaus wurden sämtliche Konstruktionselemente vom rechteckigen Flachdachhaus übernommen. Die Wände haben oft keine tragende Funktion.
Das Dach ruht auf eigenen Pfosten, die an der Innenseite der Rundmauer stehen. Bei größerer Spannweite der Dachbalken werden diese oft noch von einem Giebelpfosten in der Mitte unterstützt.

Das Vieleckhaus:

Abb. 289

Durch Wanderungen einzelner Stämme kam es oft zu Mischformen. Dort, wo ein an den Rundbau gewöhntes Volk in Nadelwaldgebiete eindrang und die Rundform zwar im Hausbau beibehalten wollte, sich andererseits aber auch die Vorteile der soliden Konstruktion des Blockhauses aneignete, entstanden Mischformen wie das Vieleckhaus.

Die Pulthütte:

Abb. 290

Auch bei dieser Hausform lag die primäre Aufgabe darin, das Feuer gegen Witterung zu schützen. Das Gerüst der Pulthütte bestand aus zwei Pfosten, die durch eine Querstange verbunden waren. Schräg angelegte Rindenstücke oder belaubte Zweige bildeten den Windschutz. Wegen der Bodenfeuchtigkeit wurde die Pulthütte oft als Pfahlbau ausgebildet.

Das Pultdachhaus:

Abb. 291

Das Pultdachhaus unterscheidet sich von der Pulthütte dadurch, daß die Dachfläche hinten angehoben wurde. Diese Konstruktion erfordert eine zweite Pfette und zwei weitere Pfosten. Die Seitenwände oder eine vierseitige Wandanordnung vervollkommnen diesen Wetterschutz.

Die keilförmige Firsthütte:

Abb. 292

Die Keilhütte ist aus der Verdoppelung der Pulthütte entstanden. Ihr Gerüst besteht aus zwei Gabelpfosten mit Firstpfette und zwei Dachflächen. Aufgrund der Bodenfeuchte wurde auch die Keilhütte oftmals als Pfahlbau ausgebildet. Erste Ansätze zur Wandbildung finden wir darin, daß der Dachkonstruktion eine Steinreihe oder ein Erdwall untergeschoben wurde. Eine ähnliche Raumerweiterung erreichte man durch Versenken der Grundfläche in den Boden. Diese frühen Formen der Erdhäuser machten sich bereits die Erdwärme zunutze.

Das First- oder Satteldachhaus:

Abb. 293

Das First- oder Satteldachhaus unterscheidet sich von der Keilhütte durch die Verbindung mit einer Wandkonstruktion. Diese konnte nach Bedarf ummantelt oder geschlossen werden. Zusätzliche Konstruktionen wie z. B. ein Dörrgerüst oder eine Windschutzwand erweiterten im Laufe der Zeit die Nutzungsmöglichkeiten.

Die Tonnendachhütte:

Abb. 294

Hier hat man aus Ermangelung an starrem Stangenholz zur Konstruktion der Kuppelhütte zurückgegriffen, jedoch den rechteckigen Grundriß beibehalten.

Das Tonnendachhaus:

Abb. 295

Das Tonnendachhaus ist eine Variante der Tonnendachhütte, die durch eine Wandaufstockung eine Raumerweiterung erfährt. Bemerkenswert ist, daß diese Hausform in Lehm bzw. Stein ausgebildet bereits eine besondere Wölbungstechnik aufweist.

Der Flachdachbau:

Das Flachdachhaus findet seinen Ursprung in der Pfahlbühne. Durch die Distanz zum Erdboden schützt diese die Menschen vor der Erdfeuchtigkeit.
Man findet sie auch bei Völkern, die traditionsgemäß den Rundbau pflegen. Genutzt wurde und wird sie als Aufenthaltsort, Schlafstelle, Beratungsplatz oder als Aufbewahrungsort für Sachen aller Art.
Sie dient als Unterkunft für Mensch und Tier, als Regen- oder Schattenhalle. Oft findet man sie inmitten von Rundhausgehöften. Der Entwicklungsschritt zum ständigen Wohnhaus durch allmähliche Einwandung ist nicht groß.
Diese Entwicklung geschah neben der herkömmlichen Rundbauweise.
Das Flachdachhaus ist die typische Wohnungsform der seßhaften Bevölkerung. Es ist jedoch bereits in seiner zeitweiligen Verwendung als offene Schattenhalle mit leichtem Gras- oder Mattendach schon auf der reinen Jagd- und Sammelstufe möglich.

Abb. 296

Neben den reinen Rund- und Rechteckbauten kommen auch Mischformen vor. Sie weisen entweder einen rechteckigen Grundriß mit einem Spitzdach oder einen mehr oder weniger runden Grundriß mit einem

Abb. 297

Firstdach auf. Da das Dach das wesentlichste Element im Hausbau ist, kann man die erste Variante als eine vom Rechteckbau beeinflußte Form des Rundbaus sehen. Die zweite Gruppe ist durch Raumaddition entstanden und als Sonderform des rechteckigen Firstdachbaus anzusehen.

Zentral- und Lotbauten mit quadratischem Grundriß:

Die Grasdeckung ist als Konstruktionselement in bestimmten Gegenden Afrikas sehr verbreitet. So wird in Angola einfach ein Strohkegel über das pyramidische Dachgerüst gestülpt, dessen Holzkonstruktion auf Lehmwänden mit quadratischem Grundriß ruht. Der für das Kegeldachhaus charakteristische Mittelpfosten unterstützt die Dachkonstruktion. In Mali ist nur das vom Mann bewohnte Hauptgebäude eines Gehöftes quadratisch. Die Frauen- und Kochhäuser bewahren die Form des zylindrischen Wandkörpers.

Lang- oder Richtungsbauten mit ganz oder teilweise kurvenförmigem Grundriß:

Die Oval- oder Halbovalbauten entwickelten sich aus der Keil- oder Tonnenhütte. In fast allen diesen Bauten existiert eine Firstpfette als Konstruktionselement. Die Form des Ovals entstand durch die ein- oder beidseitige Angliederung halbrunder Räume an die Giebelseiten der Keil- und Tonnenhütte. Für die Raumdifferenzierung gelten weitgehend die gleichen Kriterien wie beim Rundbau.
Diese Hauskonzeptionen erfuhren im Lauf der Entwicklung aufgrund sich verändernder Lebensbedingungen ihrer Bewohner eine Abwandlung der ursprünglichen Form durch:

a) Raumdifferenzierung des Rundbaus:
Die Raumdifferenzierung im Innern eines Rundbaus bietet keine zufriedenstellende, rationelle Lösung. Es entstehen spitze Ecken, deren sinnvolle Nutzung nicht möglich ist. Dies erschwert die Differenzierung vom

Einraum- zum Mehrraumhaus. Man kann sagen, daß für den Rundbau der Einraum die optimale Nutzung darstellt.

b) Ringförmige Angliederung des Rundbaus:

Abb. 298

Sie geschieht in der Weise, daß der Dachrand ringsherum vorgezogen wird, so daß ein Überstand entsteht, der von Pfosten gestützt wird. Die so entstandene Ringlaube schützte die Hauswand und konnte teilweise oder ganz geschlossen werden. Dem so wieder ringsherum geschlossenen Haus wird oft wieder eine Ringlaube angegliedert. Aus diesem Ringlaubensystem konnten sich dann mit Hilfe gestaffelter Pfostenringe Gehöftformen entwickeln.

c) Erkerförmige Angliederung des Rundbaus:

Abb. 299

Dieser Vorbau kann sowohl runde als auch rechteckige Form besitzen. Optisch wirkt er fast immer als Fremdkörper. Er diente zum Schutz vor Wind, Regen und Sonne.

d) Mehrgeschossigkeit des Rundbaus:

Abb. 300

Sie ist das Ergebnis einer Raumaddition in der Höhe und führt zwangsläufig zum Turmbau. Dieser spielt eine wesentliche Rolle auf dem Gebiet des Wehr- und Festungsbaus.

e) Gehöftbildung durch Rundbauten:

Abb. 301

Hier werden mehrere Einzelgebäude aus verschiedenen, meist wohl wirtschaftlichen Gründen zu einem Ganzen vereinigt. Dabei bewahren sie aber ihre bauliche Selbständigkeit. Dies kommt besonders durch getrennte Dächer zum Ausdruck. Bei einem Sammelbau verlieren die Einzelhäuser mehr und mehr ihre Selbständigkeit. Dies geschieht durch nachträgliche Überdekkung des ursprünglichen Ringhofes zu einem neuen Hofraum.

f) Raumdifferenzierung des Rechteckbaus mit Sattel-/Firstdach:
Die Raumdifferenzierung des Sattel- oder Firstdaches vollzog sich wahrscheinlich durch die Angliederung mehrerer Einzelhäuser. Der Weg der Innenteilung eines Einraumhauses läßt sich nur schwer nachweisen. Bei der Raumangliederung gibt es folgende Möglichkeiten:

1. Angliederung weiterer Räume an den Traufseiten eines Laubenganges
2. Angliederung an den Giebelseiten durch Giebellauben
3. Erkerförmige Angliederungen
4. Ringförmige Angliederungen

Abb. 302

Eine Kombination verschiedener Erweiterungsmöglichkeiten führt zu komplexen Hausgrundrissen mit differenzierter Nutzungsmöglichkeit.

g) Mehrgeschossigkeit des Rechteckbaus mit Sattel-/Firstdach:
In Verbindung mit höherer wirtschaftlicher Entwicklung setzt sich die Raumdifferenzierung mit Hilfe konstruktiver Veränderungen in die Höhe fort.

h) Gehöftbildung durch Rechteckbauten mit Sattel-/Firstdach:
Begünstigt durch den rechteckigen Grundriß entwickeln sich eine Vielzahl unterschiedlicher Kombinationsmöglichkeiten:

1. Der Haufenhof oder Streubau
2. Die offene oder geschlossene Gehöftanlage
3. Der offene Ringhof
4. Die Gehöftbildung mittels Radialkupplung
5. Der Hakenhof
6. Der geschlossene Ringhof (Vierkanthof)

Eine weitere Form ist der Sammelbau. Bei ihm werden mehrere gleichwertige Firstdachhäuser mit den Traufseiten aneinandergeschoben. Die Einzelanlagen büßen ihre Sonderdächer ein und werden unter einem Sammeldach zusammengefaßt.

i) Raumdifferenzierung des Flachdachhauses:
Das Hauptprinzip ist auch hier die Angliederung. Die kubischen oder kastenförmigen Einzelzellen werden neben- oder hintereinander gereiht. Sie sind nicht immer von gleicher Höhe, so daß der Umriß der Gebäude ein unregelmäßiges Bild gewährt. Es ergibt sich der Eindruck einer willkürlichen Massierung.
Selten lassen sich feste Regeln erkennen. Es wird nach Bedürfnissen hinzugefügt. Nur die Fassadengliederung läßt sich in lokale Regeln einordnen.

j) Mehrgeschossigkeit des Flachdachhauses:

Abb. 303: Mehrgeschossiges Flachdachhaus im Sudan

Ein Charakteristikum besteht in der partiellen Mehrgeschossigkeit. Es entstehen stufenförmig nach oben verjüngte Bauten. Neben der Abtreppung nach einer Seite kommen auch Abstufungen nach mehreren Seiten in Form einer Stufenpyramide vor.

k) Gehöftbildung durch Flachdachbauten:
Beim Flachdachbau existieren nicht die Schwierigkeiten der Dachverbindung wie beim First- oder Satteldachhaus, was eine geschlossene Bauweise erleichtert, die das Streben nach Sicherheit und Schutz vor Feinden begünstigt.

Ob die Schneehäuser nordeuropäischer Völker oder die Behausungen nomadisierender Indianer Nordamerikas, ob Lehmbauten im Zweistromland oder in Afrika, ob Steinsetzungen in Großbritannien oder in Malta – gemeinsam ist ihnen über Kulturgrenzen hinweg die runde Grundrißform.

Die Beherrschung des Feuers war die erste zivilisatorische Revolution der Menschheit. Feuer bedeutete Wärme und war für die Zubereitung bestimmter Nahrung notwendig bzw. von Vorteil. Es war weithin sichtbar und diente als Orientierungspunkt. Als Magellan Feuerland, die eisbedeckte Südspitze Chiles, entdeckte, sah er eine mit zahlreichen Feuerstellen übersäte Küstenlandschaft.

Die Keimzelle des Rundbaus liegt im gebogenen, halbrunden, das Feuer schützenden Wetterschirm. Seine Urform finden wir noch heute bei Nomadenvölkern in Afrika. Zunächst wird die Feuerstelle – um ein ungewolltes Ausbreiten des Feuers zu verhindern – mit einem Steinkreis befestigt. Lebendes Buschwerk dient zum Schutz vor Witterungseinflüssen. Hierbei werden überflüssige Äste entfernt, die übrigen zur Wetterseite hin verflochten und heruntergezogen. Die Zwischenräume verstopft man mit Reisig, so daß ein niedriges Schutzdach entsteht.

Die natürlichen Bedingungen boten die Basis und die Anregung, aus dieser halbnatürlichen Architektur eine künstliche Nachahmung zu entwikkeln. Abgebrochene Zweige und dünne Stämmchen steckt man bogenförmig in den Boden. Diese zieht man zusammen oder verflicht sie miteinander. Es entsteht eine einfache, schnell errichtete Unterkunft für nomadisierende Hirten und Jägerkulturen, die spezifisch auf deren Lebensbedingungen angepaßt ist.

Beweglich zu sein, dem Wild auf seinen Wanderwegen zu folgen, forderte von den Menschen eine klimatisch angepaßte Lebensweise. In niederschlagsarmen Gegenden konnte man auf das Zusammenbiegen der oberen Zweigenden verzichten. Lediglich eine gebogene Wand als Windschutz war notwendig. In Gebieten, in denen biegsame Ruten fehlten, ersetzte man diese durch starre Stangen. Die Anpassung an natürliche Gegebenheiten und einfühlsame Kreativität entwickelten bereits sehr früh unterschiedliche Wohnformen, denen aber die runde Form als Schutzkonstruktion für das Feuer gemeinsam ist.

Ob die bereits erwähnten Schneekuppelhütten der Eskimos oder die Kuppelzelte der Waldindianer, ob natürliche, leicht verfügbare Materialien, starre Stangen oder biegsame Ruten, ob Rinde, Schilfmatten oder Felle als Ummantelung, Erde oder Schnee als Abdichtungsmaterial,

Steppe oder Nadelwald, Hitze oder Kälte, identisch ist das Gestaltungsprinzip des Kreises.
Unsere Erkenntnisse zeigen, daß sich an der Rundform auch nichts änderte, als das Haus durch Unterschieben eines zylindrischen Wandkörpers an Volumen und Höhe gewann.
Archäologische Ausgrabungen vermitteln uns einen interessanten Einblick in die bereits weit entwickelten Konstruktionsprinzipien der Wohnformen im Neolithikum. Funde in Gönnersdorf erlauben Theorien über eine Architektur von vor mehr als 5000 Jahren, die uns wegen der Verwendung organischer Baumaterialien nur sehr bruchstückhaft erhalten geblieben ist.
Im Lauf der Entwicklung veränderten sich die archaischen Grundformen des Rundbaus im Inneren. Sich wandelnde Lebensbedingungen, das Ausbleiben des Wildes, der Übergang vom Nomadenleben zum Seßhaftwerden stellten neue Anforderungen an die Behausungen. Tier- und Vorratshaltung und viele andere Lebensveränderungen machten eine Raumdifferenzierung im Inneren der Hütten notwendig. Auch wenn mit der Zeit die Innenaufteilung immer differenzierter wird, läßt sich bei eingehender Untersuchung unterschiedlicher Beispiele aus verschiedenen Kulturkreisen feststellen, daß für den Rundbau der Einraum die optimale Platzausnutzung darstellt. Selbst wenn – aus wirtschaftlichen Gründen – Einzelgebäude zu einem Gehöft vereinigt werden, bewahrt der Rundbau seine bauliche Selbständigkeit. Die Bienenkorbhäuser in Irland oder ländliche Hofformen in Afrika bringen dieses Charakteristikum besonders durch getrennte Dächer zum Ausdruck. Am Beispiel eines Kikuyu-Hauses in Kenia stellten wir einen anderen Lösungsansatz für die Innenraumdifferenzierung fest: Der Dachrand des Rundhauses wurde weit vorgezogen, ringsherum geführt und durch Pfosten unterstützt. Die so entstandene Ringlaube schützt die Hauswand und kann teilweise mit Schilfmatten geschlossen werden. Andere Bewohner schlossen diesen Ring durch feste Lehmwände und gliederten oftmals wieder einen offenen Umlauf an. Vom Grundriß her ähnlich anmutende Ringformen finden wir im dreifachen Kreis von Windmill Hill in Wiltshire (Großbritannien).

Abb. 304: Der dreifache Umkreis von Windmill Hill (Wiltshire)

Versammelten sich hier die Bewohner der umliegenden Dörfer oder halbnomadisierende Hirtenstämme bei besonderen Gelegenheiten? Waren es heilige Stätten? Radiokarbondatierungen von Überresten der in

dieser Anlage gefundenen Gräber beweisen zumindest eine Nutzung über viele Jahrhunderte hinweg. Interessant ist, daß wir in anderen Kulturkreisen, in einer anderen Epoche und einer nicht vergleichbaren Nutzung ähnliche Grundrißkonzeptionen finden können.
Auf der Suche nach abgewandertem Wild bzw. neuen Weideplätzen, kam es zu Berührungen unterschiedlicher Kulturformen. Architektonische Mischformen zeigen den Konflikt, dem eine Gesellschaft in solch einer Situation ausgesetzt war: die Tradition des Stammes zu wahren, aber auch die Vorteile neuer Techniken für sich nutzen zu wollen. Wir kennen viele Beispiele, bei denen ein an den Rundbau gewöhntes Volk in andere Gebiete eindringt und im Hausbau einerseits die alte Rundform beibehalten möchte, andererseits jedoch die Erfahrungen und Vorteile lokaler Konstruktionen erkennt und sich zu eigen macht (s.a. Das Vieleckhaus).
Erinnern wir uns aber an die ursprüngliche Aufgabe der Behausung, an den Schutz des Feuers und fassen die Weiterentwicklung kurz zusammen: Außer der Rundform finden wir noch andere, rechteckige und konstruktiv sehr einfache »Behausungen«, deren Hauptaufgabe aber immer noch darin lag, das Feuer zu schützen. Die einfachste Form stellt die Pulthütte dar. Wegen der Bodenfeuchtigkeit wurden die Pulthütten oft als Pfahlbau ausgebildet. Der somit entstandene Abstand zur Erde wurde von den Haustieren als Unterschlupf genutzt. Erste Ansätze zur Wandbildung finden wir darin, daß der Dachkonstruktion eine Steinreihe oder ein Erdwall untergeschoben wurde. Eine ähnliche Raumerweiterung erreichte man durch Versenken der Grundfläche in den Boden. Bereits bei diesen frühen Erdhäusern nutzte man die Erdwärme. Im Boden eingelassene Häuser sind unabhängig von ethnischen Gruppen in Gebieten extremer Witterungseinflüsse sehr verbreitet. Wir können in diesem Konstruktionsprinzip und der damit verbundenen Nutzung die Entstehung unseres Kellers vermuten. So wie Kellerräume eine Anpassung an klimatische Bedingungen darstellen, finden wir die Gründe für die Ausbildung unterschiedlicher Dachformen in der Nutzung der regionsspezifischen Materialien. Bemerkenswert ist die Tatsache, daß schon sehr früh Tonnendachkonstruktionen aus Lehm bzw. Stein gebaut wurden.

Abb. 305: Tonnendachhäuser

Bereits 4000 v. Chr. beherrschten die Sumerer die Gewölbetechnik, die auf rechteckige Formen angewiesen ist. Im Gegensatz zur Rundform bietet die Rechteckform ideale Voraussetzungen für eine nutzungsgerechte Innenraumaufteilung. Deshalb gewann der Rechteckbau im Laufe der Entwicklung immer mehr an Bedeutung. Komplexe Hausgrundrisse mit differenzierter Nutzungsmöglichkeit, die Anordnung einzelner Gebäude zu größeren Hofeinheiten boten in Verbindung mit immer höherer wirtschaftlicher Entwicklung eine Vielzahl unterschiedlicher Anpassungsmöglichkeiten. Charakteristisch für diese Entwicklung sind die Haustypen in Südostanatolien (sechstes bis fünftes Jahrtausend v. Chr.) oder die Hausanlagen des griechischen Kulturkreises. Das Prinzip der Raumdifferenzierung liegt in der Angliederung einzelner Einraumhäuser mit rechteckigem Grundriß. Die kubischen oder kastenförmigen Einzelzellen wurden neben- oder hintereinander gereiht. Sie sind nicht immer von gleicher Höhe, so daß der Umriß der Gebäude ein unregelmäßiges Bild ergibt. Es entsteht der Eindruck der willkürlichen Massierung, bei der sich nur selten feste Regeln erkennen lassen. Entscheidend für eine Erweiterung sind jeweils nur die Bedürfnisse der Bewohner. So entstehen stufenförmig nach oben verjüngte Bauten, einseitig abgetreppte sowie Gebäude in Form einer Stufenpyramide. Der steigende Wohlstand drückt sich in der Größe und der Fassadengestaltung der Gebäude aus. Mußte man sich einst nur gegen Witterungseinflüsse schützen, so verlangte jetzt der wirtschaftliche Status nach Sicherheit, dem der Rechteckbau durch seine Möglichkeit der geschlossenen Bauweise gerecht wurde.

Die gemachten Untersuchungen mögen uns auf den ersten Blick Aufschluß geben über das Aussehen, die Konstruktion und Materialverwendung früher Hausformen. Der Wohnbau, mag er auch noch so primitiv sein, ist die Keimzelle allen Bauens. Er bildet die Voraussetzung für die Entstehung aller anderen Gebäudegattungen. Seien dies Wirtschaftsgebäude, Versammlungshallen oder Räume, die religiösen Zwecken (z. B. Tempel oder Nekropolen) dienten.

Die bisherigen Untersuchungen zeigen, daß sich sowohl Rund- als auch Rechteckbau aus der Form des einfachen Winschutzes entwickelt haben. Doch welche Form ist die ältere? Kann man überhaupt eine Entscheidung treffen?

Der grundlegende – und für den Rundbau als die ältere Form sprechende – Unterschied besteht darin, daß der Rundbau in seiner einfachsten Ausführung nur ein einziges Konstruktionselement benötigt, nämlich zur Mitte hin zusammengebundene Stangen. Der Rechteckbau als Pulthütte unterscheidet bereits zwischen tragendem und getragenem Konstruktionsele-

ment. Die beiden Gabelpfosten tragen die Firstpfette, an die sich die Sparrenteile anlehnen.
Doch was war das auslösende Moment für den Schritt vom Rund- zum Rechteckbau – wo es doch keine natürlichen Vorbilder für diese Form gab? Für eine schrittweise Annäherung an dieses Problem müssen wir zunächst eine Raumform als solche untersuchen. Gegenüber dieser haben alle anderen Merkmale der Gebäude nur untergeordnete Bedeutung. So müssen wir etwa Baustoffe und Technik nur in solchen Fällen berücksichtigen, wo sie die Raumform maßgeblich beeinflussen. Welche Materialien waren vorhanden, welche Raumform ließen sie zu? Betrachtet man nämlich die Verwendung verschiedener Baustoffe, so stellt man fest, daß organische Stoffe fast immer zuerst Verwendung fanden. Dagegen sind anorganische Stoffe wie Stein oder Lehm durchweg an Ackerbau oder höheres Jägertum gebunden. Interessanterweise lassen sich in unterschiedlichen geographischen und klimatischen Zonen ähnliche Hausformen feststellen. Folglich müssen noch andere Faktoren an der Entwicklung der Hausform beteiligt gewesen sein. Ein solcher Faktor ist bestimmt der Erbauer. Ein nomadisierender Jäger stellt andere Anforderungen an seine Behausung als ein seßhafter Bauer. Religiöse Vorstellungen und eine darin wurzelnde Neigung zum Symbolisieren können die Formgebung ebenfalls stark beeinflussen. So ist der religiöse Versammlungsbau (der Kiwa) bei den Pueblo-Indianern in Kalifornien, denen als Wohnung das ebenerdige Flachdachhaus dient, ein Rundbau.
Trotz unterschiedlichem Materialvorkommen, verschiedenen ethnischen Gruppen und Kulturformen können wir als Grundform immer wieder den Rund- *und* den Rechteckbau feststellen. Wenn wir davon ausgehen, daß der Rundbau wegen seiner einfacheren Konstruktion der ältere ist, müssen wir klären, ob die Formensprache bei einer weiteren Entwicklung der Haustypen immer noch so eindeutig zu klären ist. Eine Entwicklungsstufe, in der sowohl Rund- als auch Rechteckbau bekannt sind, verwendet diese auch parallel.

Rundformen	Rechteckformen	Mischformen/ Sonderformen
Kanaren		
Rundhäuser von Lanzarote »Zonzomas« ca. 1000 v. Chr.		Fliehsiedlung oval »Valencia« ca. 1400 n. Chr.

Rundformen	Rechteckformen	Mischformen/ Sonderformen
Balearen		
Rund-Talayot	Rechteck-Talayot	Begräbnisstätten »Navetas«, Menorca ca. 2000 v. Chr.
Wohnanlage »Gorg Blau«	Wohnanlage »Capicorp Vell«	
Erdhaus Can Picafort		Begräbnisstätte Can Picafort
Sardinien		
Nuraghe und Runddorfanlage »Su Nuraxi« ca. 1500 v. Chr.	Grabinneres in der Art eines Wohnhauses »S'Andria Priu« 3000 v. Chr.	Megarontempel »Domus d'Urxia« siebtes/sechstes Jahrhundert v. Chr. Brunnentempel »S'Vittoria« neuntes Jahrhundert v. Chr.
Korsika		
torreanisches Kultmonument »Tappa« ca. 1400 v. Chr.		
Malta		
Tempelanlage »Gigantia« 5000 – 4000 v. Chr.	punisch/römische Grabanlage »Rabat« neuntes Jahrhundert v. Chr.	
Kreta		
Rundgrab Platanos	Palast v. Knossos 1700 – 1400 v. Chr. Palast v. Festos 1800 v. Chr.	Rundgrab Platanos ca. 2600 v. Chr., jedoch letzte Benutzung 1700 v. Chr.

Rundformen	Rechteckformen	Mischformen/ Sonderformen
Mesopotamien		
	Nanuar Zikkurat 2000 v. Chr.	Oval-Tempel »Chafadschi« 2700 v. Chr.
	Tell Hassuna 4750 v. Chr.	Tepe Gaura 5000 v. Chr.
Afrika		
Rundhütten	Lehmarchitektur Rechteck	Kombination verschiedener Formen (Dogon-Dorf)

Resümee

Vergleichen wir die Bauformen verschiedener Kulturkreise innerhalb eines bestimmten Zeitraums, so können wir bereits bei einer begrenzten Auswahl an Beispielen feststellen, daß verschiedene Bauformen parallel nebeneinander existierten. Begrenzen wir die Betrachtung auf einen Kulturraum, so tendiert dieser zu einer Eindeutigkeit der Formensprache in einem bestimmten Zeitraum (z.B. Malta mit der gleichen Form der Tempelanlagen oder Kreta mit dem gleichen Prinzip der Palastanlagen). Im Laufe der Jahrhunderte entwickelt sich diese Eindeutigkeit durch Einflüsse von Außen zu parallel existenten bzw. Mischformen. Es bestehen aber auch bereits sehr früh konträre Formen in einem Kulturraum nebeneinander (z.B. Tepe Gaura 5000 v. Chr. und Tell Hassuna 4750 v. Chr.). Die Voraussetzungen für diese beiden Entwicklungstendenzen sind jedoch gleich (gleiche Kulturen, gleiche ethnische Gruppen, ähnliche Materialvorkommen etc.).
An dieser Stelle stoßen wir an eine Grenze, wo unsere bisherigen Untersuchungsergebnisse keine Antwort auf unsere Fragen liefern. Gab es vielleicht neben den untersuchten und erwähnten Gestaltungsgründen noch andere Motive, die bestimmte Formen entstehen ließen?

Wie weit sind wir von unseren Vorfahren gedanklich entfernt? Was diese Menschen wohl veranlaßte, tonnenschwere Steinquader zu einer Pyramide zu schichten, Erde zu Häusern und Tempelanlagen zu formen oder ihre Toten nach rituellen Bräuchen in dafür geschaffenen Bauwerken zu bestatten? Können wir mit unserem Erfahrungshorizont eine Gesellschaftsstruktur von vor vielen tausend Jahren überhaupt noch verstehen? Können wir mit unserem kulturellen Erbe, mit unseren Normen eine Lebensstruktur mit vielleicht gänzlich konträren Vorstellungen begreifen und uns ihr kulturelles Erbe zu eigen machen? Besteht nicht die Gefahr, daß wir gar zu leicht unsere Vorstellungen auf die der anderen übertragen? Zu allen Zeiten wurden bestimmte »Wahrheiten«, die objektiv schienen, aufgestellt. Theorien, von denen jede aus ihrem Blickwinkel eine Problemstellung und deren Ursprung und Gesetzmäßigkeit auf eine bestimmte Weise betrachtet.

Gibt es vielleicht doch Gemeinsamkeiten, die zu brauchbaren Ergebnissen führen könnten? Ist es nicht vorstellbar, daß archaische Empfindungen unseres Unterbewußtseins (z.B. Erlebnisse mit Naturgewalten) in ähnlicher Weise von unseren Ahnen wie von uns erfahren wurden? »Die kosmische, religiöse Erfahrung ist der Grund für die stärksten und edelsten wissenschaftlichen Forschungen...« (Albert Einstein). Das Streben Einsteins war, in seinem ganzen Leben die Einheit oder den Ursprung aller Phänomene zu entdecken. Diese Theorie würde alle anderen enthalten, und nach ihr würde es möglich sein, jedes Phänomen zu verstehen. »Meine Religion besteht aus einer demütigen Bewunderung gegenüber dem höchsten und grenzenlosen Geist, der sich in den kleinsten Details offenbart, die wir mit unserem schwachen und zerbrechlichen Geist erfahren können. Diese tiefgehende gefühlsmäßige Überzeugung der Gegenwart einer mächtigen und hohen Vernunft, die sich im unbegreifbaren Universum offenbart, das ist meine Vorstellung von Gott« (Albert Einstein).

Abgesehen von allen daraus resultierenden moralischen Vorstellungen, ist genau das das Wesentliche, was uns mit unseren Ahnen zu verbinden scheint. Das Wissen von der wiederkehrenden Bewegung, vom Kommen und Gehen der Ereignisse, die unmittelbar erlebt wurden. Die zyklische Wiederkehr der Jahreszeiten, von Tag und Nacht, Leben und Tod.

Astronomische Beobachtungen und die Kenntnis der Naturphänomene waren lebensnotwendig für ein Volk, das den Ackerbau betrieb und dessen Lebensbedingungen eng mit der aufmerksamen Beobachtung der Natur verbunden waren. »Plätze der Macht« waren ausgewählte Orte, an denen man die Regeln der Natur besonders deutlich nachvollziehen konnte; Stellen, an denen man der göttlichen Macht sehr nahe war. In allen alten Zivilisationen finden wir diese herausragenden, besonders gekennzeichneten Plätze. Ob dies nun heilige oder mythische Orte, Altäre, Tempel oder Kultanlagen sind, die die verschiedenen Phasen des traditionellen Lebens begleiten; gemeinsam ist ihnen das heilige Zentrum, um das sich das übrige Leben zentriert. Dieser bedeutende Punkt, sei er imaginär oder real im Boden gezeichnet, wird durch eine Säule, einen Baum, einen Berg, einen Felsen oder auch einen Menhir gekennzeichnet. Oft werden diese Zentren von konzentrischen Kreisen umgeben.

Parallelen finden wir in vielen rituellen Spielen. Das Volk der Sioux stellte in einem Ballspiel, dessen Ziel es war, die Kugel in ein Zentrum zu werfen, das menschliche Leben dar. Das Spielfeld bestand aus vier gleich großen Teilen, denen jeweils eine Mannschaft zugeteilt war. Bevor das Spiel beginnen konnte, mußte die Erde geweiht werden. Nachdem der Priester mit Hilfe eines Steinbeils das Zentrum des Platzes markiert hatte, zog er die Grenzen der einzelnen Spielflächen. Diese waren entsprechend den vier Himmelsrichtungen angeordnet.

Ein weiteres Beispiel aus Mittelamerika, vom Volk der Maya, unterstreicht dieses Prinzip. Man kann hier die Bildung von Städten als Ableitung einer hierarchischen Gesellschaft verstehen. Ein Zentrum mit religiöser Funktion, um das sich konzentrische Wohnzonen der einzelnen Gesellschaftsgruppen anordnen. Um das Zentrum wurde ein Sektor der führenden Klasse vorbehalten, dem eine breite Zone folgte, die dem Volk und den Anbauflächen zugeteilt war. Maya-Städte wurden entlang einer von der Nord-Süd oder Ost-West-Achse gebildeten Linie orientiert.

Ob »Plätze der Macht«, rituelle Spiele oder Stadtanlagen, in allen Lebensbereichen finden wir die gleichen Strukturen. Erinnern wir uns des Zitates des Häuptlings der Sioux, Hächaka Ssapa: »Einst, als wir ein starkes und glückliches Volk waren, kam unsere ganze Kraft aus dem heiligen Ring unseres Volkes, und solange dieser Ring nicht zerbrochen war, ging es dem Menschen gut. Der blühende Baum war der lebendige Mittelpunkt des Ringes, und der Kreis der vier Himmelsrichtungen nährte ihn. Der Osten gab Frieden und Licht, der Süden gab Wärme, der Westen gab Regen, und der Norden mit seinen eisigen Stürmen verlieh Kraft und Ausdauer.«

Das Zentrum, von dem sich ein besonderer Bereich kreisförmig ausbreitet. »Die Nomadenvölker sahen ihr Ideal in der dynamischen und unbestimmten Natur des Kreises, deswegen sind ihre Heiligtümer immer kreisförmig, so wie ihre Unterkünfte, die als Wiedergabe der Heiligtümer konzipiert wurden. Die seßhaften Völker dagegen sahen ihr Ideal in dem statischen Charakter und der Regelmäßigkeit des Quadrats, wie es der rechteckige oder quadratische Plan ihrer Tempel zeigt«. (T. Burckhardt). Heiliger Ort und Behausung standen immer in unmittelbarem Verhältnis zueinander. Ob das Wohnhaus sich nach der Konzeption des Tempels richtete oder umgekehrt – wesentlich bleibt der gemeinsame kulturelle Hintergrund. Ob kreisförmige oder quadratische Formen, wesentlich bleibt der Zusammenhang der Formensprache als Ausdruck tiefer religiöser, archaischer Empfindungen. Das Feuer in der Mitte des Wohnhauses und die daraus resultierende Versammlungsform als Abbild einer Lebensform, die in allen Bereichen und nicht zuletzt in der Hausform ihren Ausdruck fand. Das Unausdrückbare wahrnehmbar machen. Dem Menschen helfen, sich selbst im Kreislauf der Natur zu verstehen, das war die wesentliche Aufgabe der Priester und Gelehrten. Imhotep, der erste namentlich genannte Architekt in der Geschichte und Erbauer der Pyramide des Djoser, wurde von den Ägyptern als Gott verehrt. Er war Gelehrter nicht nur auf dem Gebiet der Baukunst, sondern auch der Medizin und der Astronomie. Die »heilige Kunst«, dem Menschen das Sein nahezubringen, konnte nur über die vernetzte Wirkung der Wissenschaften erfolgen. Das Zusammenwirken der Disziplinen führte zu einer Formensprache, deren Vokabeln wir erst wieder lernen müssen. Diese Formen wurden von präzisen Gesetzen bestimmt, die dieselben für den Bau eines Tempels, das Schaffen einer Plastik oder die der Naturgesetze sind. Jeder Mensch, was auch sein individueller Typus sein mag, spürt ihre Ausstrahlung. Das von den Priestern und Gelehrten vermittelte Wissen ist das Abbild einer großen Kultur, die wir so lange nicht begreifen werden, wie wir in uns die Einheit nicht geschaffen haben, die wir erkennen sollen; eine symbolische Sprache, deren Kraft der Ausdrucksmittel man in der Reduzierung auf die wesentliche Form spürt.

Literaturhinweise:

Bosinski, G.: Gönnersdorf – Eiszeitjäger am Mittelrhein, Koblenz 1981
Braem, H. u. M.: Kanarische Inseln. Auf den Spuren atlantischer Völker, München 1988
Coppa, M.: Storia dell'Urbanistica, Torino 1968
Drößler, R.: Kulturen aus der Vogelschau, Leipzig 1987
Lemke, U.: Gotland. Insel der Götterschiffe, Stuttgart 1986
Müller, W. / Vogel, G.: DTV Atlas zur Baukunst I, München 1974
Oelman, F.: Haus und Hof im Altertum, Leipzig 1927
v. Reden, S.: Die Megalith-Kulturen, Köln 1978
Schmidt di Friedberg: Sardinien. Auf den Spuren fremder Völker, München 1988
Schneider, J.: Am Anfang der Erde, Köln 1985
Teichmann, F.: Der Mensch und seine Tempel, Stuttgart 1983
Wernick, R.: Steinerne Zeugen früher Kulturen, 1979
Wölfel, D. J.: Die Religionen des vorindogermanischen Europas, Hallein 1980

6

Die Wiederkehr der ursprünglichen Form

Erinnern wir uns der vorangegangenen Kapitel, der Suche nach der ursprünglichen Form, der Symbolik der frühen Kunst der Menschheit. Höhlenmalerei, Felsgravuren, altsteinzeitliche Figurensteine, auf wesentliche Formelemente reduzierte Darstellungen – die gebaute Form, Rund- und Rechteckbauten, das Haus, die dritte Hülle neben Haut und Kleidung des Menschen, mehr als nur vier Wände und ein Dach – die »eigenartige« Symbolik kindlicher Bildersprache, die Freiheit, einen Gegenstand über seine Erscheinung hinaus empfinden und darstellen zu können.
Wir richteten unser Interesse auf die Existenz einer zeitlosen Erscheinung, die wir spüren, die noch immer wirksam ist, einer Sprache, die den ältesten und neuesten künstlerischen Ausdrucksformen gemeinsam ist. »Alle dem Künstler zur Verfügung stehenden Mittel sind Zeichen, und die Funktion des Kunstwerks besteht darin, einen Gegenstand zu bezeichnen, durch die Schaffung eines Zeichens eine Beziehung zu einem Gegenstand herauszustellen«, schrieb Claude Lévi-Strauss.
Die eigentliche Absicht vieler künstlerischer Schöpfungen ist längst vergessen. Doch bewegen uns ihre Formen und Farben. In den ältesten uns bekannten Malereien, in der Höhle von Lascaux, vermögen es die Schöpfer dieser Kunstwerke, sich uns noch heute, Tausende von Jahren später, mitzuteilen. Künstler aller Zeiten und Stilrichtungen griffen auf Zitate zurück, die sie dem archetypischen Zeichenvorrat der Menschheit entliehen. Picasso, Miró, Marc, Ernst, Klee, die alten und die neuen Wilden, sie alle verblüffen den Betrachter dadurch, daß sie archaische Formgestalten und Ursymbole der elementaren menschlichen Kommunikation wiederentdecken, in ihre Gestaltung integrieren oder zu neuen Bildern umformen. »Ur als Grund und End als Ziel« nannte Arnulf Rainer Penck diese Arbeitsweise, die einen gewaltigen Spannungsbogen von der frühesten Vorzeit bis in die visionäre Zukunft beschreibt. Besonders Joseph Beuys wäre in diesem Zusammenhang zu nennen, der nicht zu Unrecht immer wieder von vielen Kritikern (und Freunden) als Schamane bezeichnet

wurde. Die meisten Arbeiten seines umfangreichen Werks beschäftigen sich intensiv mit dem Aufspüren archetypischer Seins- und Gestaltungsvorgänge.

Abb. 306: Joseph Beuys, Elch, 1951

«Wir können selbst der Schöpfer der Zukunft sein. Während der Mensch im Zeitalter der Schamanen zwar Bilder geliefert hat von einem geschlossenen Sinnzusammenhang des Lebens, lebte er aber in einem Abhängigkeitsprinzip, einem spirituellen Abhängigkeitsprinzip. Aber heute kann der Mensch aus seinen Kräften die Zukunft formen, die Gestaltung der Zukunft bestimmen« (Beuys). Für den über diese Zusammenhänge Uninformierten war es z. B. ein Schock, als er auf der ›documenta‹ die kostbare Reproduktion einer Zarenkrone zu einem »Osterhasen« umschmolz. Wer sich ein wenig näher mit den Motiven dazu auseinandersetzte, erfuhr, daß damit ein Symbol der Gewalt und der Unterdrückung zu einem friedlichen Lebensprinzip transformiert wurde. Wer sich indes mit der Beuysschen Symbolsprache besser auskennt, weiß sofort, daß es sich keineswegs um ein beliebiges Lebensprinzip handelt, sondern um eines der bedeutungsgeladensten überhaupt: Der Hase ist ein archetypisches Fruchtbarkeitssymbol, Bote, Diener und Tierverkörperung der großen Frühlings- und Erdgöttin. Wenn man in Kenntnis dieser Kodierung die übrigen Formgestalten von Beuys auf ihren tieferen Inhalt hin dechiffriert – Fett, Filz, Honigpumpe, Blitzstrahl mit Hirsch, die Menhire seiner Aktion »7000 Eichen« usw. –, so entpuppen sie sich allesamt als Bedeutungsträger uralten, verlorengegangenen Wissens. Gewiß ist es oft nicht leicht, zurück zu den Wurzeln der Sprache der Formen zu steigen (und Beuys besaß nie den Ehrgeiz, übermäßig in diesem Sinne zu missionieren), aber viele seiner Arbeiten, z. B. die Tuschezeichnungen, sprechen für sich selbst. Hier knüpfte jemand im zwanzigsten Jahrhundert unübersehbar an die Tradition der cromagnoniden Höhlenmaler an.

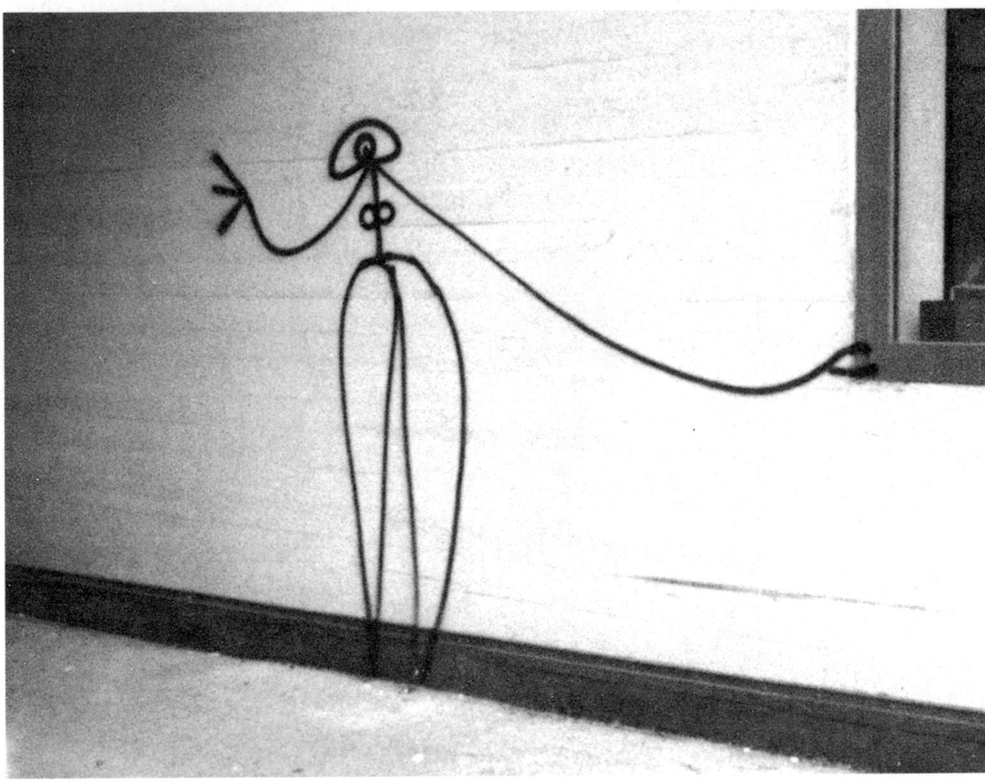

Abb. 307: Harald Naegeli, Graffiti, Zürich

Ähnlich deutlich agierten Harald Naegeli (der Sprayer von Zürich) und seine Nachahmer, als sie ihre Strichfigurationen an Hauswände, in Tiefgaragen und an U-Bahnen sprühten. Der Betrachter erschrak über den

ungewohnten Anblick, über die »Fremdkörper« in unserer ansonsten so clean durchgestylten Umwelt, erschrak wohl vor allem auch deshalb, weil ihm die Zeichen tief im Innern so seltsam vertraut vorkamen. Der »wiedergeborene Steinzeitmensch« (wie er sich selbst bezeichnete) Naegeli störte die Ordnung, er irritierte, weil seine Symbole nicht in unsere Zeit passen (oder doch?), er zitierte naiv und in kühnem Schwung über die Jahrtausende hinweg, holte Vergessengeglaubtes aus den Dunkelkammern unserer Erinnerung zurück und transportierte es unvermittelt als »Augenstopper« in die Gegenwart hinein. Kein Wunder, daß seine urtümlichen Bildmarken Skandale auslösten...
Inzwischen ist Graffiti zur Kunst erhoben und salonfähig geworden, Namen haben sich herauskristallisiert, und Werke dieses Genres erzielen bereits Spitzenpreise auf dem Markt. Der Amerikaner Keith Haring gehört wohl zu den prominentesten Vertretern der Graffiti-Art. Seine Gedanken weisen in deutlicher Formulierung die Richtung zur wiederentdeckten Archetypik in der Malerei: »Ein wirklicher Künstler ist nur das Vehikel für die Dinge, die durch ihn hindurchgehen... Der Aufstieg der Technologie erfordert die Rückkehr zum Ritual...«
Betrachtet man seine Bilder aufmerksam, so fallen wesentliche Elemente

Abb. 308: Umzeichnung nach Keith Haring, Painting for Francesca Alinovi, 1984

der frühmenschlichen Gestaltungskraft ins Auge: der Trieb, den vorhandenen Untergrund zu nutzen, ihn flächendeckend mit magischen Zeichen aufzuladen, wie das z.B. die lineare Durchzeichnung seiner Gemälde deutlich macht.
Ferner die benutzte Formensprache an sich – immer wieder tauchen dort uralte Symbolzeichen auf, die entweder direkt übernommen oder auf kreative Weise abgewandelt werden. Der mangelhafte Zustand des heutigen Menschen offenbart sich z.B. in einem Loch im Bauch, das seine Gefühlsleere ausdrückt. Aber nicht genug des Schreckens: Genau durch diese Lücken springen ungehindert Dämonen – Hunde, Drachen und andere Phantome...
Mit hoher Wahrscheinlichkeit hat der unbekannte Graffiti-Sprüher aus Köln nichts von den einige tausend Jahre älteren Felsritzungen am sibirischen Onegasee bzw. vom italienischen Seradina gewußt – um so mehr verblüfft die Ähnlichkeit seiner Darstellung:

Abb. 309–311: links: Köln 1984, Mitte: steinzeitliches Felsbild Onegasee, rechts: bronzezeitliche Ritzung Seradina

Das Lebenswerk des in Europa weniger bekannten texanischen Malers Forrest Bess (1911–1977) war dem Aufspüren archaischer Visionen gewidmet, die er in verdichteter Bildsymbolik einfing. »Er glaubte, auf Symbole universeller Bedeutung gestoßen zu sein und durch Wiedererlangung des Archaischen und der ursprünglichen Einheit des Menschen mit sich selbst und der Natur nicht nur die beängstigende Gegenwart verstehen, sondern auch zugunsten der ganzen Menschheit eine bessere Welt schaffen zu können. Sein intensives Studium der Psychologie (Jung), Mythologie, Religion, Archäologie und Alchimie führte ihn zu der Erkenntnis – die seine Malerei auch bestätigte –, daß die Vereinigung aller der Persönlichkeit des Menschen innewohnenden Gegensätze, die Ängste, Aggression, Haß, kriminelles Verhalten auslösen und – auf der gesellschaftlichen Ebene – zu Kriegen führen, nur in Form der Androgynie, d.h. der das Weibliche und das Männliche verbindenden Zweigeschlechtlichkeit, zu verwirklichen war«. (Katalog, Museum Ludwig, Köln)

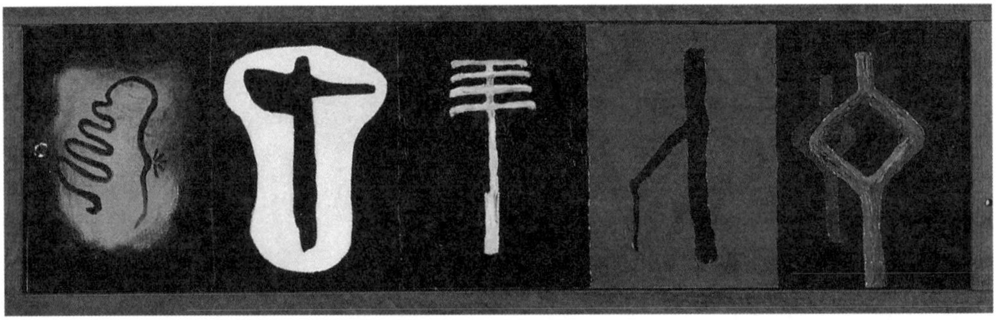

Abb. 312: Zeichnungen, Forrest Bess, Whitney Museum of American Art, New York, 1957

Man müßte des weiteren auf Nikolaus Lang hinweisen, der der Stilrichtung »Spurensicherung« angehört und Abreibungen im norditalienischen Valcamonica machte, auf die tanzenden Cromagnoniden von Henri Micheaux, auf A. R. Penck's Adorantenbilder, die magisch-rituell anmutenden Gemälde von Sabine Franek-Koch, Anselm Kiefer, Jürgen Zumbrunnen, Stephan Guber (Abb. 313), Louis Soutter und Eva Maria Schön, jedoch würde eine Auflistung allein der Namen den Rahmen dieses Buches bei weitem sprengen. Lassen wir es mit der Feststellung bewenden, daß zahlreiche Künstler der jüngsten Vergangenheit und Gegenwart neue Betätigungsfelder für sich gefunden haben, die sich nachweislich auf den abgelagerten Kulturschichten der Ur- und Frühzeit befinden. Vermerken wir ferner, daß sie – bewußt oder unbewußt – als Medium die uralte Symbolsprache der Archetypik verwenden, die aufgespürten Signalzeichen immer wieder in neuen, abgewandelten Sinnzusammenhängen einsetzen, so wird erfahrbar, daß Kunst ein ewiger Strom ist, daß Zeit wohl doch nur Illusion bedeutet und das Leben der Menschheit dem Gesetz eines großen Kreislaufes folgt.

»Künstler in unserem gegenwärtigen Umfeld haben mehr denn je auf die Ursprünge menschlicher Kommunikation im Sinne einer Rückkehr zu ihren Prägemustern verwiesen, und zwar weit über ihre wortgebundene mythische Ausdrucksweise hinaus... Es geht um Sprache sozusagen im

Abb. 313: Materialbild, Stephan Guber 1988

vor-linguistischen und im nach-linguistischen Sinn. Und genau dort zeichnet sich der Raum ab, in dem etliche Künstler sich heute bewegen...« (Lucie Schauer).
Auf seinen eigenen künstlerischen Kreislauf machte Paul Klee in seinem Œuvrekatalog aufmerksam, indem er diesem achtzehn seiner Kinderzeichnungen voranstellte. Bereits in seiner Jugend war es für ihn eine Selbstverständlichkeit, alle Erscheinungsformen, sowohl im Bereich der Kunst wie im Leben, in polaren Gegensätzen zu definieren. Ein polares Spannungsverhältnis zwischen Diesseits und Jenseits bestimmt als weltanschauliches System Klees gesamtes bildnerisches Denken und Gestalten. »Im Blick auf das Jenseits findet das abstrahierende Verfahren seinen Ausdruck, u.a. in den ungegenständlichen Bildsignalen, den Farbschichtungen oder den Quadratbildern. Die bildnerische Sprache im Blick auf das Diesseitige bleibt dagegen weitgehend figürlich« (Klee). Nach 1912/13 verwandeln sich die Figuren in seinen Bildern zu Strichmännchen, Puppen und schemenhaften Figurenzeichen. Die Zeichnung ist für ihn das Medium, sich mit dem Diesseitigen auseinanderzusetzen. Paul Klee stellte einmal fest, daß »Kunst nicht das Sichtbare wiedergebe, sondern sichtbar mache« und daß sie nicht »Abbildungen des Sichtbaren, sondern

Deutung der Welt durch die künstlerische Vision sei«. Er war davon überzeugt, daß wir als Menschen bedingungslos den Gesetzen einer höheren, kosmisch schöpferischen Gewalt unterstehen. Farben symboli-

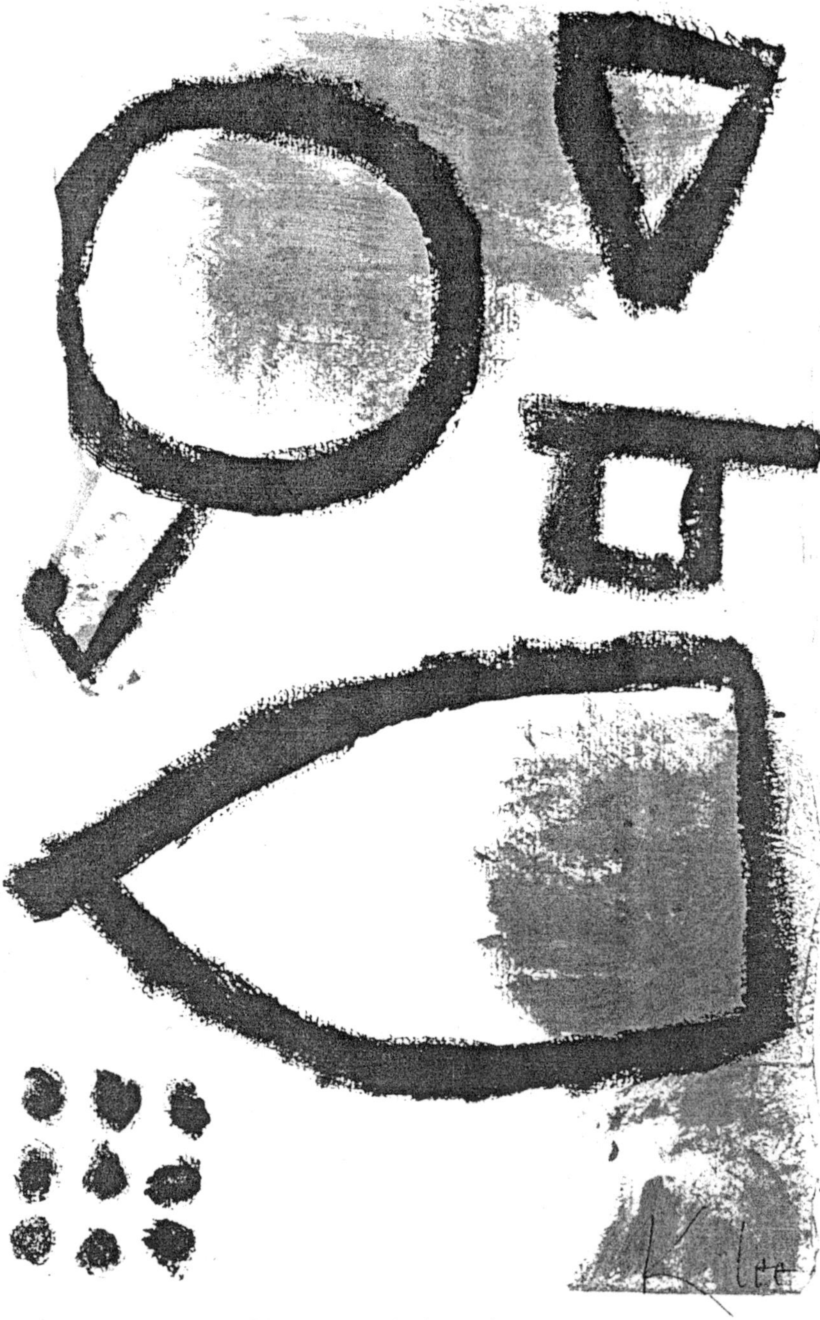

Abb. 314: Paul Klee, Alea jacta, 1940

sieren für ihn den Ausdruck einer »abstrakten« jenseits-orientierten Anschauung. Er, als Künstler, verstand sich als Verbindungsglied der beiden Welten. Aus der Perspektive seines erhöhten neutralen Standpunktes findet Klee eine romantische Sprache in Bildzeichen. Der Punkt als Samenkorn, aus dem alles Leben erwächst, ist das Grundelement aller bildnerischen Gestaltung. Aus dem Punkt erwachsen durch Bewegungen mehrere Punkte, Reihungen und Überlagerungen der Linien, Umrißformen und Flächen. Klee hatte die Vorstellung, daß die Zeichnung unsere innere Vision wiedergibt. Nicht der reale Gegenstand, sondern auch Erfahrungen, Erinnerungen und Eindrücke leiten seine graphischen Darstellungen. »Die verschiedensten Linien. Flecken-Tupfen. Flächen glatt. Flächen getupft, gestrichelt. Wellenbewegung. Gehemmte, gegliederte Bewegung«. Klee war der Auffassung, daß seine Zeichnungen das Auftauchen der Formensprache aus den Tiefen des menschlichen Geistes dokumentierten.

Auch Wasily Kandinsky, der ebenfalls am Bauhaus lehrte, entwickelte ähnliche Theorien. Für ihn war das kleinste geometrische Teilchen der Punkt. Dieser gleiche einer Null. Sie sei dem Nichts in unserer Vorstellung gleichbedeutend. In der Schrift sei der Punkt das Symbol der Unterbrechung, die Grenze zwischen Sprechen und Schweigen.

Der sich bewegende Punkt erzeugt die Linie. (Eine von außen kommende Kraft bewegt den Punkt in irgendeine Richtung.) Statik und Dynamik grenzen aneinander.

Wenn Anfang und Ende der Linie ineinanderfließen, verschwinden sie in demselben Augenblick spurlos. Es entsteht die Fläche – der Kreis.

Überwiegt eine innen wirkende Kraft über die äußere, entgleist die Linie und entsteht die Spirale.

Linien bilden Formen, begrenzen Flächen. Menschen beschreiben auf ihren Wegen Linien. Das ewige Spiel von horizontalen und vertikalen Bewegungen, die sich nach verschiedenen Richtungen orientieren, deutet Kandinsky durch die Form. Für ihn kann jede solche Erscheinung auf zwei Arten gedeutet werden. Ein Kunstwerk spiegelt sich auf der Oberfläche des Bewußtseins. Wir treten in das Werk, werden in ihm aktiv, um seine Pulsierung mit allen Sinnen zu erleben. Kandinsky definiert zwei eng verbundene Wege, sich die Welt der Künste zu erschließen. Für ihn führt die akribische Analyse der Kunstelemente zum Verständnis des »Inneren Pulsierens« des Kunstwerkes. Der erste Teil dieser Aufgabe muß mit wissenschaftlicher Methode mühsam erarbeitet werden, verlangt eine Untersuchung mit äußerst unterschiedlichen Betrachtungsweisen. Der zweite Teil grenzt an die Aufgaben der Philosophie. »Nur auf diesem Wege einer mikroskopischen Analyse wird die Kunstwissenschaft zur umfassenden Synthese führen, die sich schließlich weit über die Grenzen der Kunst hinaus in das Gebiet der ›Einheit‹ des ›Menschlichen‹ und des ›Göttlichen‹ erstrecken wird« (Kandinsky). (Siehe »Intime Mitteilung« in »Punkt und Linie zu Fläche«)

Willi Baumeister vertrat die Meinung, daß es immer archaische Zeiten geben würde, die an der äußersten Einfachheit ihrer Formen zu erkennen seien. Für ihn war die moderne abstrakte Malerei archaisch, und, gekennzeichnet von äußerster Formenstrenge, war sie die Basis für einen ungeheuren, schöpferischen Anfang. Die Form stand über allem. »Sie ist das Ziel allen Seins... Ich glaube, daß wir ein ganz anderes Empfinden vor ägyptischen Kunstwerken haben als die Ägypter. Jedoch ist eine Übertragung möglich und zwar nicht durch das Inhaltliche, sondern durch die ungegenständlich genommene Form der entsprechenden alten Kunstwerke. Denn der Ägypter sah in seiner Skulptur einen Gott, ein Heiliges. Wir sehen darin Kunst. Kunst gibt es sogar zur Zeit der Griechen noch nicht, denn es war kein klar umrissener Begriff dafür in der griechischen Sprache vorhanden. Der Grieche und der Ägypter mußten sich der Form bedienen«.

Abb. 315: Willy Baumeister, Wehe Dir, Gilgamesch, (um 1943)

Die Form in ihrer Aussage ist Kunst. Sie spricht über die Zeit hinweg mit den ihr eigenen Ausdrucksmitteln. Eine senkrechte, gerade Linie vermittelt ganz bestimmte Empfindungen, die alle Menschen gleich empfangen. Dies gilt für die gesamte Formensprache. Sie ist der Auslöser, der tief in uns etwas zum Klingen bringt.
Dies sind Gefühle, die auch Mirós Ausdruckswelt in ähnlicher Weise anspricht. Sie scheint geballt in einem Kern, der sich langsam des Raumes bemächtigt. Form und Raum stehen in enger Beziehung zueinander. Wie im Universum oder wie in einer gallertartigen Flüssigkeit schwebend, besiedeln die kleinen, wie aus Explosionen entstandenen Formen und Zeichen den Raum. Es sind Sterne, Punkte, Kreise, Spiralen oder Striche, Punktlinien, Flecken, Fingerabdrücke, aber auch Abdrücke der ganzen Hand. Den Kreis mit zentralem Punkt oder die Spirale wählt er mehrmals für die Darstellung seiner Hauptfiguren. Mirós Formen sind Verwandlungen, die ihren Ursprung im Figürlichen finden. In einem Moment eine Sache, nehmen sie im nächsten Moment eine andere Gestalt an. Sie sind die Überbringer von Informationen. Menschlichen oder tierischen Wesen, Pflanzen oder kristallinen Formen, geboren aus der Phantasie, ähnelnd, erlauben sie zu erahnen, was ihre natürlichen Vorbilder zu sein vermögen. Miró nähert sich seinen Figuren allmählich, versucht das Wesentliche zu erfassen. Über seine Visionen versucht er uns Wege verstehen zu lernen. Besonders in seinen Plakaten verwendet Miró eine charakteristische Form. Sie gleicht einem Auge, symbolisiert in jedem Fall eine Öffnung. Aus der Fläche schnellt diese Form auf den Betrachter zu, um den Raum für die Bedeutung zu öffnen. Farbe, Komposition und Form, verkettet in einer lockeren Struktur, sprechen in Mirós Bildern. Oft stehen sogar bestimmte gewöhnliche Farben in enger Verbindung mit gleichfalls sehr einfachen Formen. Mirós Bilder sind die eines Sehers, der sein Umfeld, ohne daß sich irgend etwas dazwischen stellt, betrachten kann. Die Suche nach dem Ursprünglichen und Zentralen rückt seine Werke in die Nähe des Archaischen und »Primitiven«. »Diese Naivität ist der Punkt, über den Pleynet bemerkte, jeder Kommentator Mirós stolpere unvermeidlich darüber, weil sich diese Naivität seinem Verständnis entzieht, wenn er ihr nur mit der Vernunft nahekommen will.«
»Ich spüre den Drang, größte Intensität mit dem Minimum an Mitteln zu erreichen. Das hat mich dazu gebracht, meine Malerei immer sparsamer auszustatten. Meine Neigung zum Verzicht, zur Vereinfachung wirkt sich in drei Bereichen aus: bei der Modellierung, den Farben und in der Gestaltung der Figuren« (Joan Miró).

Abb. 316: Joan Miró, Frau in der Nacht, 1945

Aber nicht nur für Maler, sondern auch für Designer und Architekten ist die Form wesentliche Konzeptionsgrundlage.

Konsum heißt das Zauberwort unseres Wirtschaftssystems. Die einzelnen Produkte werden immer kurzlebiger und fordern einen immer schnelleren Umschlag, nicht zuletzt hervorgerufen durch das sich ständig verändernde »Modediktat« des Designs. Dieses schnellebige Wechselspiel beschwört förmlich ein Bedürfnis nach Essenz, nach Stabilität, nach Ruhe, nach einer zeitunabhängigen Gültigkeit der Erscheinungsform.
In Anlehnung an diese kurz dargestellte Überlegung versuchten sich Architekten und Designer in verschiedenen Objekten der Urform eines Gegenstandes anzunähern. Stilprägend sind die Entwürfe zweier Architekten, die man vielleicht unter dem Begriff »Archetypen« zusammenfassen könnte. In den Arbeiten von Oswald Mathias Ungers und Aldo Rossi scheint die Zeit eine andere Dimension angenommen zu haben; sie

scheint von dauerhafter Sicherheit zu sein. Ihre Werke sind nicht individuell, sondern beherrscht von elementarer Klarheit.
O. M. Ungers entwickelte zusammen mit der Firma Rosenthal ein Möbelprogramm für das Deutsche Architekturmuseum in Frankfurt am Main, das in seinem modularen Maßsystem mit der Museumsarchitektur eine Einheit bildet. Zusammengesetzt aus geometrischen Grundformen und in der Farbgestaltung reduziert auf den Schwarz-weiß-Kontrast, werden uns in dieser Möbelserie die vielfältigen Variationsmöglichkeiten der Elementarform des Quadrates vorgeführt.

Abb. 317: Oswald Mathias Ungers, Möbeldesign

Das Möbel wird zum ästhetischen Objekt. Weniger nach ergonomischen oder modernistischen Gesichtspunkten, mehr aus einer philosophischen Grundüberlegung heraus, sind Ungers und Rossi in ihren Entwürfen auf der Suche nach immer gültigen Regeln. Die Addition geometrischer Grundformen, sei es in der Architektur, im Möbel- oder Produktdesign, ist das Charakteristikum, das eigenen Gesetzmäßigkeiten gehorcht. Regeln, die zeitbezogen und doch zeitüberdauernd zugleich sind.

Literaturhinweise:

Also sowas! Der Sprayer von Zürich; Berlin 1980
Arnheim, R.: Kunst und Scheu. Anschauliches Denken, Berlin 1965
Baumeister, W.: Zeichnungen und Gouachen, Berlin 1972
Braem, H.: Brainfloating, München 1986
Conrad, M. / Zimmer, D.: Wandbilder vom Sprayer, Frankfurt 1981
Corredor-Matheos, J.: Die Plakate von Miró, Stuttgart 1985
Elementarzeichen. Urformen visueller Kommunikation, Berlin 1985
Fischer, V.: Design heute, Frankfurt 1988
Grohmann, W.: Paul Klee, 1977
Hahn, P.: Kandinsky, Berlin 1984
Hüllenkremer, M.: Graffiti. Von der U-Bahn ins Museum, in: art 2/1984
Kandinsky, W.: Punkt und Linie zu Fläche, Berlin-Bümplitz 1964
Klee, P.: Schriften, Köln
–: Tagebücher 1898 – 1918, Köln
–: Leben und Werk, Stuttgart/Teufen 1987
Ungers, O. M.: 1951 – 1984 Bauten und Projekte, Architekturmuseum Frankfurt am Main
Weelen, Guy: Miró, Köln 1984
Zürich im Jahre 1 nach dem Sprayer, Berlin 1981

7

Der Pfeil zielt auf den Punkt

»Der Vater jedes Bewegungs- oder Wurfgeschosses, also auch des Pfeils, war der Gedanke: wie erweitere ich meine Reichweite −−> dorthin?... Der Gedanke als Medium zwischen Erde und Kosmos. Je weiter die Reise von hier nach dort, desto empfindlicher die Tragik. Begründet ist sie jedoch schon in der Tatsache des Ausgangspunktes, in der Notwendigkeit, aus einer Gebundenheit loslösen zu müssen, Bewegung werden zu müssen, und nicht Bewegung schon zu sein. Also im Anfang liegt die Tragik schon...« (Paul Klee, 1922).

Das Buch als Pfeil; Gedanken losgelöst; in Bewegung gebracht; Felsbilder – Kinderzeichnungen – moderne Kunst-Parallelen, Grundmuster; der Kreis, das Quadrat, Grundformen; – Vernetzung der Gedanken.

Wir glauben, daß es in diesem Buch nicht unsere Aufgabe sein konnte, ein fertiges Schema zur Analyse der Formensprache zu entwickeln. So begannen wir ohne fest gefaßte Vorstellung der Thematik. Hinterfragten die unterschiedlichsten Blickrichtungen, ertasteten »mit offenen Augen« ganz allmählich die Formenwelt. Wir suchten Formen, die noch nicht dem äußeren Schein unterworfen waren. Folgten einer Kunst, geschaffen aus geistiger Notwendigkeit, Resultat einer Entscheidung, die durch einen inneren Drang und nicht von all dem, was das Auge erfassen kann, bewirkt wurde. Die Formensprache der sogenannten »primitiven« Gemeinschaften, deren Kunst im Religiösen wurzelte. Jene magischen Zeichen, die auf uns noch heute eine erregende, beschwörende Kraft besitzen. Die tiefe Einheit des eigenen Seins mit der Natur und ihren bewegenden Erscheinungen, widergespiegelt in Bauwerken, Kunst und Religion. Für einen »Augenblick« das Vergängliche aufzuhalten, ein dauerhaftes Werk zu schaffen, dies war für den Menschen der sichtbare Ausdruck einer großen Macht. Sich äußernd in seiner inneren Bewegung, entstand durch ihn die ausdrucksvolle Form.

Das Kind, das auf seine Umwelt nur instinktiv zu reagieren vermag. Die Faszination der ersten »Spur«. Das Erkennen, etwas Eigenes, Dauerhaftes geschaffen zu haben. Aber auch die moderne Kunst, die das übersetzt, was der Geist wußte, und nicht, was das Auge sieht. Wir untersuchten Zeichen, deren der Mensch durch die logischen Unterscheidungen des Rationalismus und die prägenden Normen unserer Gesellschaftsstruktur beraubt wurde.

Wir waren überrascht von der Universalität der Formensprache. Höhlenmalereien, Felsgravuren, kindliche Darstellungen und Kunst der Moderne, zu unterschiedlichen Zeiten von verschiedenen Ausgangspunkten und -situationen ausgehend, gelangten zu ähnlichen Darstellungsformen. Gibt es im Menschlichen nichts Fremdes, nichts Neues? Besteht die Formensprache aus unvermeidbaren Zeichen, in denen sich menschliche Erfahrungen ausdrücken? Alle Untersuchungen deuten auf eine nicht zufällige Ähnlichkeit hin. Die Formen werden wiedergeboren, sind Inkarnation. Eine Sprache zur Verständigung über territoriale, ethnische Grenzen, ja sogar über Zeitepochen hinweg, deren Vokabular bekannt ist und immer bekannt war, deren Aussagen jedoch nur noch vage verstanden werden.

Im Laufe der Bearbeitung wurde die Formensprache klarer, kam etwas in Bewegung, der Pfeil war entsandt.

Auch in Ihrer Vorstellung ist ein Bild entstanden. Der Pfeil hat getroffen. Dies möchten wir nutzen, möchten mit Ihnen in Kontakt treten, um uns auf unser gemeinsames geistiges Potential zu besinnen. Wir möchten mit Ihnen, unserem bisher stummen Partner, mit Ihrer Hilfe neue Erkenntnisse sammeln, das vernetzte Bild der Formensprache vervollständigen. Ein neues Buch, geschrieben von vielen Gedanken! Das Ende unseres Buches wird dadurch zum Anfang Ihres Buches.

»Die Sprache der Formen – auf den Punkt gebracht«.

Ihre Gedanken in schriftlicher Form, Zeichnungen, Untersuchungen, gleich welche Arbeiten werden von uns gesammelt und verknüpft.

Ein Buch wird zur »sozialen Plastik«, wie Beuys es in bezug auf die Kunst einmal ausdrückte.

»Also laßt euch beflügeln, ihr Pfeile, damit ihr nicht allzu früh ermüdet, laßt euch gestalten, damit ihr trefft, damit ihr mündet…« (Paul Klee, 1922)

Nutzen Sie bitte die Chance, die in diesem neuartigen Experiment liegt. Folgen Sie dem Weg, dessen Grenzen noch unbekannt sind, und lassen Sie uns gemeinsam das Ziel erreichen.

Kontaktadressen: infact-Institut für archetypische Kulturforschung
Prof. Dipl. Des. Harald Braem
Hauptstraße 6
5429 Lollschied

Dipl.-Ing. Christof Heil
Borngasse 10
5428 Nastätten

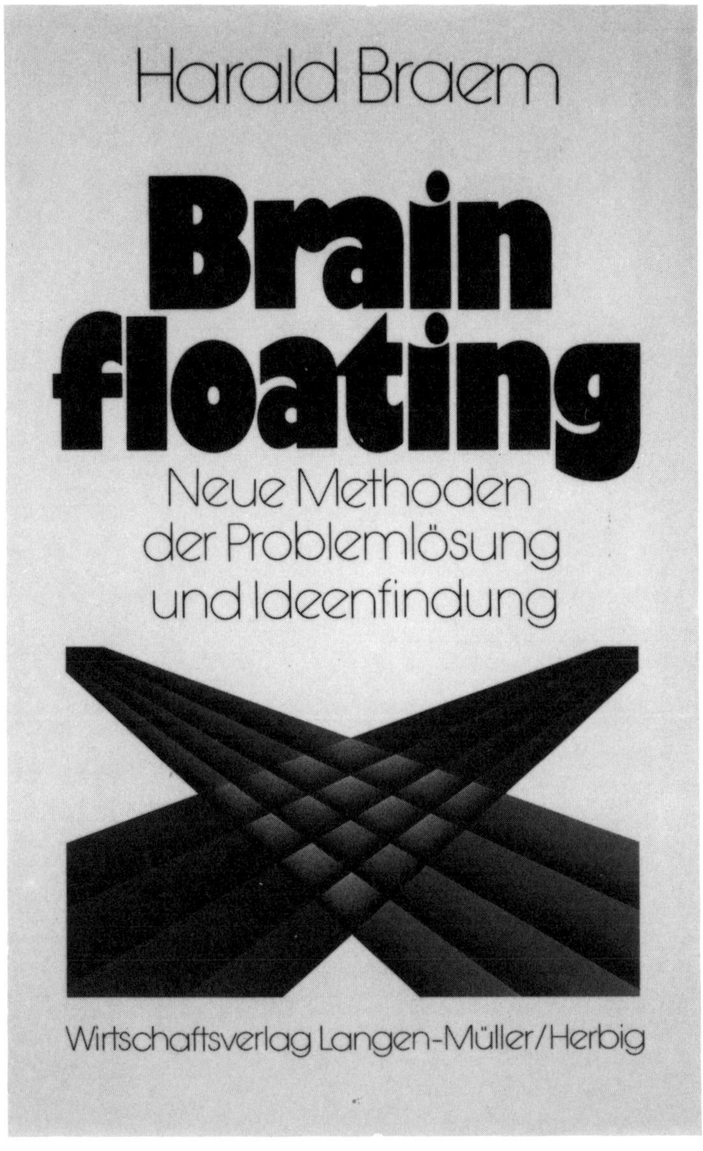

312 Seiten, DM 34,–